★介護・福祉・医療スタッフ必携★

声かけ・マナー
ポイントレッスン

〜接遇マナースキルア

篠田

はじめに

すでに5人に１人が65歳以上という高齢社会を迎え、介護・福祉・医療に携わる皆さまの果たす役割はますます大きくなってきています。それぞれにおける技術や知識はもちろん重要ですが、真心の込もった質の高いサービスを提供するためには、思いやりの心を伝えるマナーは必須といっても過言ではありません。

「マナー」というのは、相手への気持ちの伝達力であり、効果的な気働きのノウハウです。ご利用者や患者さま、さらにはご家族の方々や同じ仕事に携わる仲間とのコミュニケーションでいちばん必要なのは、思いやりのある声かけや適切な対応マナーです。どんな思いも心づかいもじょうずに伝えなければ伝わりません。折りに触れ、本書を参考にしていただければ幸いです。

ひかりのくに

本書の使い方・特長

■介護の現場でも、福祉の現場でも、医療の現場でも、大切な基本は同じです。テクニックだけではなく「心の部分」を深めるための参考にしていただけるよう「スキルアップ名句」を添えています。

■Iの章では、45の接遇マナー、朝のごあいさつから、車イス・食事・排せつなどの介助時や認知症の方に対する接し方、さらに職場での人間関係のマナーまで、「声かけのポイント」や「マナーのポイント」「良い声かけと悪い声かけ」をイラストを添えてわかりやすく紹介しています。

■IIの章では、真心の込もった質の高いサービスを提供するための「心構え」はもちろん、「身だしなみ」から「あいさつ・言葉づかい」「姿勢やしぐさ」「電話のかけ方・受け方」まで基本的なマナーを紹介しています。

■「マナーチェックリスト」で、基本や実践マナーがどのくらいできているか自己診断をしてみましょう。より良いサービス業務の改善に役だてていただけます。

もくじ

Ⅱ.介護・福祉・医療 …接遇マナー基礎講座10

基本マナーチェックリスト

エピローグ…

接遇マナー スキルアップ名句㊺一覧さくいん（掲載ページ）

プロローグ
声かけ・マナーの基礎

「10の心の花束」を持って接しましょう

1. 直す心・治す心

介護・福祉・医療には、ご利用者や患者様の心の名医を奮い立たせる「直す心」と「治す心」が必要です。

2. 努力する心

お世話をする方も、される方も共に、あきらめずに、根気強く「努力する心」を持つことが大切です。

3. 励ます心

介護・福祉・医療共生きる目的のためにあります。ご利用者や患者様の生きる誇りを「励ます心」で自覚させることが大切だと思います。どんな状態になった方でも、人格は最後まで残っているものなのです。

4. いたわる心

介護・福祉・医療共に親切ということを基本にすべきです。親切の「親」という字は、立ち木から見ると書きます。親というのはすぐそばにいるわけではないのです。子どもの成長とともに、少しずつ後ろに下がっていき、じっと見守りながら何かがあったときには必ず手助けができる距離にいることを親というわけです。絶えず適切な距離感を持ってかかわっていくことが「いたわる心」であり、親切心なのです。

5. 理解する心

介護士や看護師側と、ご利用者や患者様側とのコミュニケーションを十分に取っていくことが大切です。それには、相手をよく「理解する心」を持つことが大事です。

6. 協力する心

介護士や看護師側と、ご利用者や患者様側が一致団結することが、よりよい介護や医療につながります。「協力する心」は大きな力を生み出します。

7. はぐくむ心

介護・福祉・医療共、明日への夢と、命と、時間をつなぐものです。例えば、患者様がある曲を聴いて若いころを思い出して、「ああ、これでまた元気になった」とその一瞬だけでも思っていただければ、命の時間がつながったといえます。生きる希望を「はぐくむ心」が大切です。

8. 安らぐ心

介護・福祉・医療は、安心と安全と安息を与えることです。例えば病院のことを英語でホスピタルと言いますが、これは9世紀の十字軍遠征のとき、戦傷兵の安らぎ、安息の場所であったホスピタル十字軍に由来しています。ですから、介護・福祉・医療の場というのは、「安らぐ心」の雰囲気づくりが第一といえるわけです。

9. 感謝する心

今生きていることに「感謝する心」から、喜びや感動が生まれます。

10. 愛する心

介護・福祉・医療共、「愛する心」が原点となってこそ、すべての行為が真心となって、相手に伝わることを忘れないようにしましょう。

ポイントレッスン 1 朝のごあいさつ

**○○さん、
おはようございます。
ご気分は、いかがですか?**

声かけのポイント

1. スタッフから先にあいさつをすることが大事です。
2. 元気な明るい声で、相手に届く大きさで声をかけます。
3. 早口を避け、話すスピードに気をつけます。
4. 具体的な個人名を挙げて声をかけます。
5. 必ず相手のほうを向いてあいさつを交わします。

良い声かけ

語尾が上がるような明るい声かけです。「おはようございます、今日もよろしくお願いいたします」と、語尾はきっちりとまとめましょう。

ダメな声かけ

お名前を呼び忘れたり、語尾を上げたり下げたり、「おはようございまーす」と語尾をだらしなく伸ばさないようにします。

! マナーのポイント

1

あいさつには、明るい笑顔を添えます。

2

あいさつはできるだけ立ち止まってします。

車イスの方や杖の方のじゃまにならないか確認してからにします。

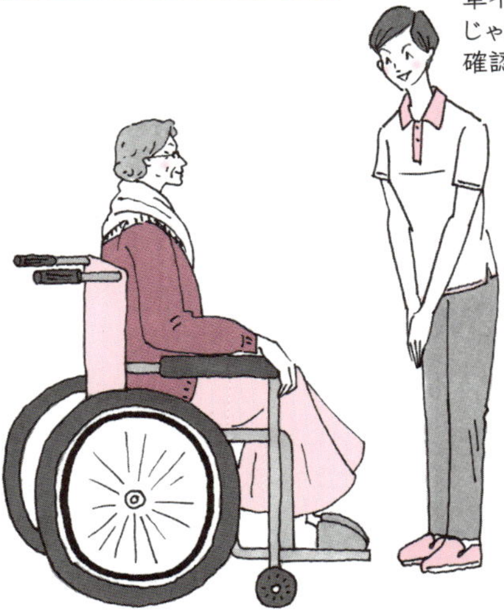

3

必ずおじぎを添えます。

おじぎを何度もする必要はありません。

接遇マナー　スキルアップ名句　その1

あいさつ編

こころ快晴
あなたの笑顔と 声かけで

ポイントレッスン 2 朝の声かけ

○○さん、よくお休みになられましたか。お通じはありましたか？

声かけのポイント

1. 漠然とした聞き方ではなく、「すっきりしたお目覚めでしたか」などと、その方のようすを見て具体的に適切な声かけをします。
2. 「寒気はしませんか」「熱っぽくないですか」とバイタルチェックのときなどにはようすをお聞きしてから始めます。

良い声かけ

具体的な質問の仕方をして相手を不安がらせないように安心言葉を使います。また、体温など測定したものはできるだけメモなどで伝えましょう。

ダメな声かけ

「お元気そうですね」「けさは、どうですか」などと相手がどう返事をしてよいかわからない声かけはやめましょう。

マナーのポイント

1 お名前を呼びます。

何かをするときは、
必ずお名前の呼びかけを
つけて行ないます。

2 やさしく伝えます。

何を、何のためにするか、
やさしくお伝えします。

3 具体的に問いかけます。

相手が答えやすいよう、
具体的な例を挙げて
問いかけます。

接遇マナー　スキルアップ名句　その2
あいさつ編

○○さん ご気分は？
体調チェックは さりげなく

ポイントレッスン3 立ち上がり

○○さん、これから食堂に行きますのでゆっくり立ち上がりましょうね。

声かけのポイント

1. まず、何のためにどうするのか、しっかりお伝えします。
2. 不安がっている方には、「お手伝いをしますので、安心して任せてください」などと声かけをしてから誘導します。
3. 相手が内容を理解しているかを確認しながら、次の説明に移るようにします。

良い声かけ

言葉を区切って、動作をひとつずつ説明するようにします。その間に安心言葉や褒め言葉をかけて促すようにしましょう。

ダメな声かけ

何の目的でするのかを伝えなったり、命令口調で声をかけたり、言葉を区切らずにながら動作で一気に伝えたりしないようにします。

! マナーのポイント

1
目線を合わせてお話をします。

相手と同じ顔の高さか、やや下くらいから目線を合わせるようにします。

2
高圧的に上からものを言わないようにします。

3
無理な要求をしないようにします。

リハビリなどは焦らず、相手のペースをよく見て行ないます。

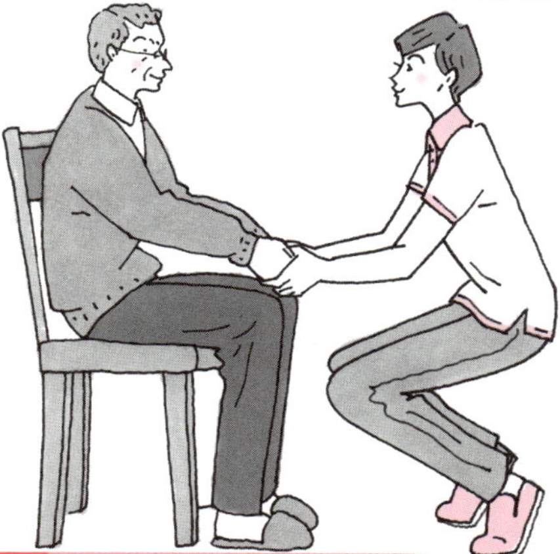

接遇マナー　スキルアップ名句　その3
動作介助編

手と手重ね
伝わる思いと あたたかさ

ポイントレッスン 4 歩行介助

**お天気がよいので、
お散歩に行きましょうね。**

! 声かけのポイント

1. 何のためにどこまで歩くかという具体的な声かけをしながら介助をします。
2. 歩行が不自由な方には、太ももやふくらはぎの横などを軽くたたきながら声かけをします。
3. リズムを取って歩行介助をします。
4. リハビリ歩行では、予測されるプラス状態を言って励まし、安心、希望の声かけをします。

良い声かけ

高齢者のペースに合わせて介助し、ご利用者が介助者に気をつかわないような声かけを心がけましょう。

ダメな声かけ

せかせるような声かけをしたり、「しっかり歩きましょう」と必要以上に励ましたり、子どもをあやすような言い方をしないようにしましょう。

! マナーのポイント

1 確認してから歩行介助を始めます。

立ってからすぐ歩かないで、ふらついておられないかなどを確認します。

2 並んで歩くようにします。

腰の位置に片手をそろえるようにし、平行に並んで歩くと一体感があって安心されます。

3 杖歩行の場合は確認します。

杖をしっかり持っておられるか、また、杖の先のゴムが滑りやすくなっていないかなどを確認しておきます。

接遇マナー スキルアップ名句 その4
歩行介助編

歩調や歩幅
そっと合わせる 思いやり

ポイントレッスン 5 車イス移乗

乗ってみましょうね。
だいじょうぶですよ。

声かけのポイント

1. 「介護スタッフの○○がお世話させていただきます」と初めての方の場合は自己紹介をします。
2. 車イスに乗る目的や乗り方の簡単な説明をして乗っていただくようにします。
3. ご利用者の理解を確認しながら、言葉を区切って説明します。

車イスでの行き先と目的地を伝え、「車イスに乗るために協力してくださいね」と声かけをし、動作の安全を確認しながら行動しましょう。

説明することなしに、「さあ、乗りますよ」「はい、がんばって」と、介助者が一方的に車イスに乗せるような声かけをしないようにします。

マナーのポイント

① 車イスの点検を行います。

ブレーキの故障がないかどうかの点検をしておきます。

② 乗るときにはきちんと確認します。

足元のフットレストを上げて座っていただき、「はい、足を上げてください」と声をかけてから乗っていただきます。

③ 必ず平らな場所で乗っていただきます。

坂道、狭い場所、エレベーターや出入り口の前、人通りの多いところなどではなく、安心してゆっくり移乗できるところを選びます。

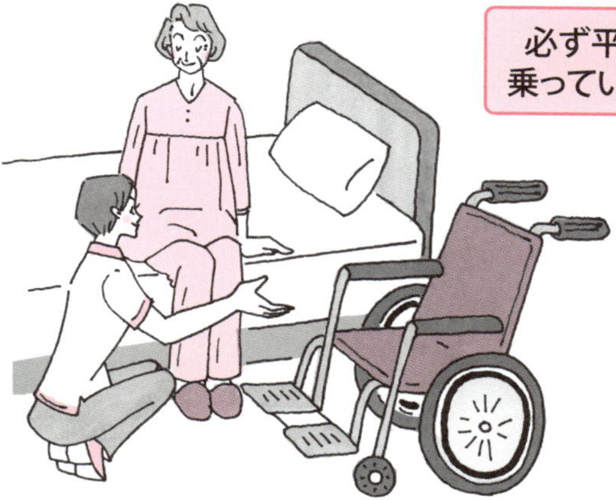

接遇マナー スキルアップ名句 その5
車イス介助編

まず慎重に
ゆっくり 安全、車イス介助

ポイントレッスン 6 車イス移動

少し段差がありますが、だいじょうぶですからね。

! 声かけのポイント

1. 必ずどこに行くかをお伝えします。
2. 動き始めの確認の声かけをします。
   段差を越えるとき、左右に曲がるとき、交差点を渡るときなど。
3. 行き先など、早めに声かけをし、本人とともに確認します。
4. 車イスで移動するときはできるだけ大きな声ではっきりと、その方の聞きやすい耳のほうに聞こえるように声かけをします。
5. 移動中はその方の視野に入らない景色などを話題にしないように注意します。

良い声かけ

「だいじょうぶです」「ゆっくりと上げますから、安心して乗っていてください」というように早め早めに安心言葉をかけましょう。

ダメな声かけ

段差や坂があったり、検査室に向かったりするときに、目的を言わない、早めに何をするかを言わない、黙って車イスを押すのは不安を与えます。

! マナーのポイント

1 ブレーキをまめに掛けます。

短い距離の移動でも、
坂道や信号で止まったときは、
必ずブレーキを掛けます。

2 ゆっくりスタートします。

動かすときには必ずゆっくりと
押し始めます。特に坂道では注意して
移動するようにします。

3 進路変更などのときには声をかけます。

進路を変えるときは声かけをし、
具体的に説明して差し上げます。

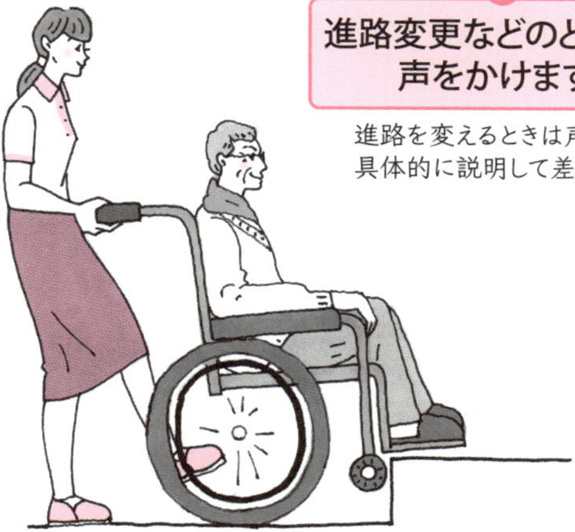

接遇マナー　スキルアップ名句　その6
車イス介助編

注意しよう
少しの油断と 気の緩み

ポイントレッスン 7 車イス介助

着きましたから お声をかけますので ゆっくり降りてくださいね。

❗ 声かけのポイント

1. 目的地や降りる場所に着いたことをきちんと声かけをしてお伝えします。
2. 降りるときは、「フットレストを上げる前に足を降ろさないでくださいね」と声かけをします。

「右足はだいじょうぶですか、イスにしっかり腰は入りましたか、靴下は履けましたね」というようにひとつひとつ声をかけて行ないましょう。

「はい、これからイスに移りますよ」などと言うことなく、黙々と自分だけが介助して車イスに移動させると利用者はとまどいます。

マナーのポイント

① 降りる場所・目的地を伝えます。

② 降り方の介助の仕方を確認します。

③ 確認後に立ち上がっていただきます。

④ 持ち物をお預りします。

降りる前に降り方の手順をひとつずつ確認しながら説明し、それに沿ってゆっくりと行ないます。

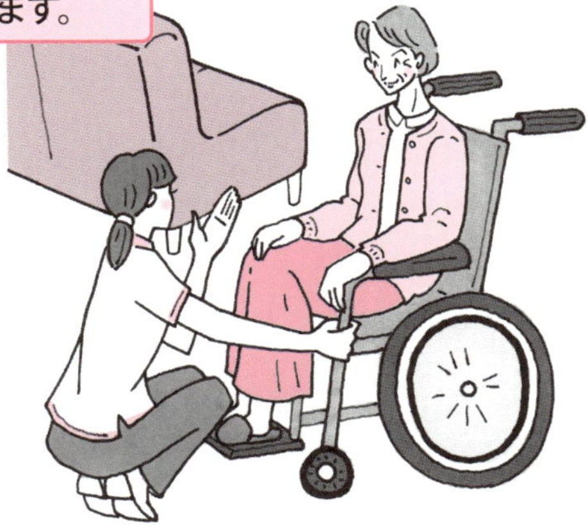

接遇マナー　スキルアップ名句　その7
車イス介助編

もう一度
この目この手で 安全確認

ポイントレッスン 8 食事の前

○○さん、今から お食事の時間ですよ。しっかり食べましょうね。

! 声かけのポイント

1. 食事を始める時間に必ず声かけをします。
2. 具体的な食事の献立のお話をします。
3. どこに座って召し上がっていただくかの確認の声かけをします。
4. スプーンかおはしか、本人が何で食べたいかを確認します。
5. 本人の食べたいものを尋ねてから介助します。

良い声かけ

「たくさん食べてくださいね」とひと言添えるだけで、同じ食事でもとてもおいしそうに感じられます。

ダメな声かけ

素材や調理法や献立について何も言わずに、「ここに置きますよ」とそのまま勧めると食欲をなくしてしまいます。

! マナーのポイント

1 楽しい食事の雰囲気づくりが大事です。

食器の並べ方や盛り付け、香り、彩り、そして雰囲気づくりのBGM、テーブルクロスの色柄などにも気を配りましょう。

2 食事介助は清潔第一です。

エプロンが汚れていないか、手やつめがきれいかを確認します。

3 食卓の事前準備をしておきます。

食卓にはおしぼりや紙ナプキン、ティッシュペーパー、小さなポリ袋なども準備しておきます。

接遇マナー スキルアップ名句 その8

食事編

知っておこう
味覚や嗜好 量の違い

ポイントレッスン 9 食事中

今日のお味はいかがですか？お気に召しましたか？

声かけのポイント

1. 献立について「お味はいかがですか」などと具体的に答えていただけるような声かけをします。
2. 温度や味付けについても具体的に尋ねます。
3. 食欲が出るよう、素材、栄養、調理方法について説明します。

「お魚の味付けはお気に召しましたか」「どのお料理がおいしいですか」と、食事を楽しく進められるような声かけをします。

「どうぞ昼食です」とだけ言って、食事を出しっぱなし、ほうっておく、黙って食事介助をするのは厳禁です。

マナーのポイント

1 食事のテンポはその方に合わせます。

スプーンで口に運んであげるときでも、必ずその方の嚥下（えんげ）や食べるスピードに合わせます。

2 楽しみながら食事ができるように介助します。

3 テレビは消すようにします。

食事の興味が半減してしまうためテレビは消したほうがよいでしょう。その方の年齢や趣味に合わせた懐メロやＢＧＭをかけてみましょう。

接遇マナー　スキルアップ名句　その9

食事編

もうひと口？
食事は　健康のバロメーター

ポイントレッスン 10 食事のあと

お食事は、満足いただけましたか どのお料理が おいしかったですか？

! 声かけのポイント

1. 具体的に食事の感想を聞きます。
2. 全部食べることができた場合には褒めてさしあげます。
3. 残したときでも、「ここまで食べられてよかったですね」などと、食べたことを褒めて励まします。
4. 次の食事のための参考として希望や意見を聞きます。

「お口に合いましたか」「何がいちばんおいしかったですか」と、その方の満足度がわかるような声かけをしましょう。

「なぜ残したんですか」「きちんと食べないといけませんよ」としかるような言い方で、残した理由を問いただしたりするのはやめましょう。

❗ マナーのポイント

1 感謝の気持ちが大切です。

食べてくださったことへの
感謝の気持ちを伝えます。

2 残したときは問題点をチェックします。

体調不良なのか、
調理法に問題がなかったか、
理由を尋ねて参考にします。
残したことを厳しく
指摘することは避けます。

3 食事状況を記録しておきます。

食べた物についてメモし、
記録し、家族へ連絡します。

接遇マナー　スキルアップ名句　その10
食事編

表情で
読み取る 満足 不満足

ポイントレッスン 11 口腔ケア

○○さん、お口の中をすっきりさせましょう。

声かけのポイント

1. ご自分で磨く、磨けることが基本です（自立磨き）。
2. 本人の気持ちを第一に常に声かけをします。
3. 口腔ケアの大切さを伝え意欲をかき立てるよう誘導します。
4. いやがる方には根気よく説得して理解を得ます。
5. 焦らず、ゆとりを持って見守ることが大切です。

「いつまでも食事がおいしくいただけますよ」「お魚のにおいが残らないようきれいにしましょう」などと、目的がわかる声かけをします。

「歯を磨いてくださいね」「手もきれいにしてね」と言葉だけで指示をし、手も貸さずに言い切りにする不親切な声かけをしないようにしましょう。

! マナーのポイント

① おしぼりと台ふきんを区別する。

おしぼりはおしぼり皿に置いて
わかるようにしておきます。

② 食後はくつろぐ時間を設けます。

食後しばらくはすぐに予定は入れず、
音楽やテレビなどで
くつろぎの時間とします。

③ 歯磨きセットを確認します。

歯磨き粉、歯ブラシ、
入れ歯などを確認して
保管します。

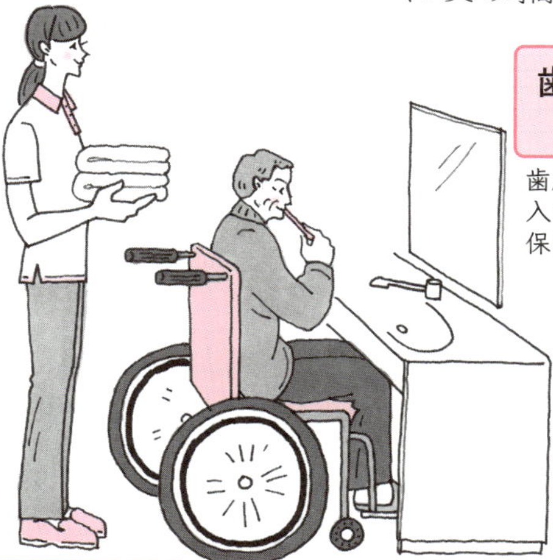

接遇マナー　スキルアップ名句　その11
口腔ケア編

清潔に
お口のお掃除 しっかりと

ポイントレッスン 12 清拭

今から、体をふかせていただきますね。気持ちが良いですよ。

！声かけのポイント

1. 前もって安心していただけるような声かけをします。
2. どこをふくか、どこからふくか、どのくらいかかるかなど、手順を説明してから行ないます。
3. いやがる方には、「すっきりして清潔になりますよ」「気持ちが良いですよ」などとプラスになる声かけをします。

良い声かけ

「寒くありませんか」「もう少しふいたほうがいいですか」「石けんをつけたほうがいいですか」など、常に声かけをしましょう。

ダメな声かけ

希望などを聞かないで無言のまま力づくにするようなことは厳禁です。また、健康状態の確認を怠らないようにしましょう。

❗ マナーのポイント

1

介助者は手をきれいに清潔にしておきます。

2

室温の適温確認をします。

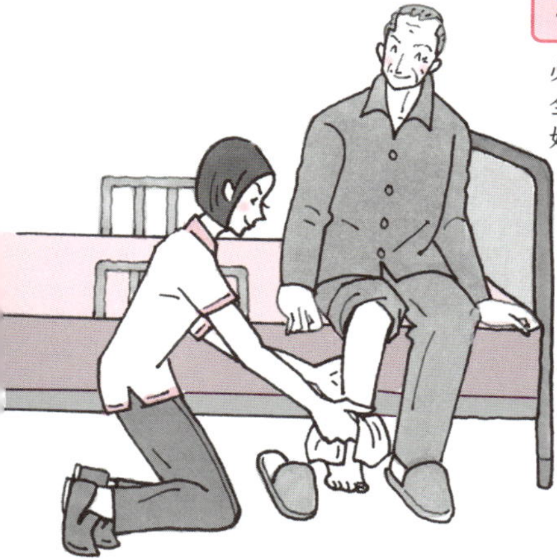

3

準備をしておきます。

必要な備品や着替えなどを全部手元に用意してから始めます。

4

プライバシーを守ります。

腰にバスタオルを掛けるなどして、プライドを傷つけないような配慮をします。

接遇マナー　スキルアップ名句　その12

清拭編

優しさの 気持ち
通じる ていねいな清拭

ポイントレッスン 13 入浴の準備

○○さん、
おふろに入りましょうね。
温まってよく眠れますよ。

! 声かけのポイント

1. 声かけをしながら動作を確認して準備をします。
2. 入浴したくなるようなプラスの声かけで促します。
3. 「今日はじょうずにボタンが外れましたね」などと、脱衣を促すプラスの声かけをします。
4. 体の状態に変化がないことを声かけをしながら確かめます。

「リラックスできますよ」「おふろに入ったらよく眠れますよ」「関節の痛みや肩のコリも取れますよ」などの声かけをしましょう。

相手の気持ちを無視して「もういいから、脱がせてあげます」などと、介助者が勝手に脱がせるようなことはやめましょう。

❗ マナーのポイント

1 健康チェックをしておきます。

体温・脈拍・呼吸数や血圧、顔色など、入浴してよいかどうか確認しておきます。また、排尿・排便は済ませておきます。

2 お湯や浴室を適温に調整しておきます。

3 手すりや介護イスなどの確認をします。

4 入浴後の事前準備をしておきます。

接遇マナー　スキルアップ名句 その13

入浴編

目配りと
気配り 準備は怠りなく

ポイントレッスン 14 入浴中

○○さん、手すりを持ってくださいね、ゆっくり入りましょう。

声かけのポイント

1. 安全に浴そうに入るよう声かけをします。
2. 「湯かげんはいかがですか」などと確かめます。
3. 「今日は頭を洗いましょうね」などと洗髪などの要望をお聞きします。
4. 本人ができるときでも介助の必要があるかどうかひと声かけます。

良い声かけ

目を合わせて安心や褒めるような声かけをしましょう。言葉は区切って動作をひとつずつゆっくり説明します。

ダメな声かけ

無言で力づくに介助したりしないようにします。言葉での確認を怠ると危険なので注意しましょう。

マナーのポイント

1 羞恥心を与えないようにします。

裸になるということの恥ずかしさを意識させないようにします。

2 環境を整えます。

脱衣室で直接床等に置くのをいやがる方もおられるので、脱衣カゴにタオルを敷くなどの配慮をします。

3 せかさないで手伝います。

着脱に時間がかかってもできるだけ励ましながら声をかけて手伝うようにします。

4 過剰な介助をしないようにします。

介助者が全部してしまわないで、ご本人が自立のために自力で行なうのを助けます。

接遇マナー　スキルアップ名句　その14

入浴編

入浴は　顔もほころぶ
しあわせタイム

ポイントレッスン 15 入浴後

○○さん、ゆっくりでもいいですよ。今度は靴下を履きましょう。

声かけのポイント

1. 着る順を説明する声かけをします。
2. 見守りながら焦らないような声かけをします。
3. ときには、「少し暖かめのこちらはいかがですか」など衣服についての話題を入れた声かけをしましょう。
4. 入浴後の急激な体調の変化を見落とさないようにします。

「きれいにふきましょうね」「気分は悪くないですか」などと、手早く介助しながら、絶えず声かけをしましょう。

「早くしてください」「待てないのでしてあげます」などとせかすような声かけはしないようにしましょう。

! マナーのポイント

① 準備をしておきます。

上がってからの動作がスムーズにできるように、衣服を着る順番に脱衣カゴに整えておきます。

② 手早く介助します。

かぜをひかないように室温に注意して手伝います。

③ 湯冷めしないように配慮をします。

衣服を手早く着ていただき、水分補給をしておきます。

接遇マナー　スキルアップ名句　その15

入浴編

だいじょうぶ？ 湯のぼせ
湯あたり 湯あがり気分

ポイントレッスン 16 トイレ介助

お手伝いしますから、何かありましたら声をかけてくださいね。

! 声かけのポイント

1. 尿意・便意に早めに気づいて声かけをします。
2. 安心するような声かけで排せつを促します。
3. 排せつは恥ずかしいものではないという配慮のある声かけをします。
4. 本人に対して心ない言葉(色やにおいのこと　など)を投げかけないようにします。

時間がかかっているときには、「ゆっくりでだいじょうぶですよ」「声をかけてくださったら来ますから」などと、相手を思いやる声かけをします。

「出ましたかー」「まだですかー」などの声かけ、失禁や尿意の意志を伝えるのが遅れたときに非難めいた声かけはしないようにします。

❗ マナーのポイント

1. 早めに察知するように心がけます。
2. 常にトイレなどを清潔にしておきます。
3. 異常時には即対応します。
4. プライバシーに配慮します。

便や尿に異常があれば、ケースワーカー、主治医・看護師、家族などに伝えるようにします。

排せつ行為のときは、視線を外したり、またはその場を外すようにしたりします。

接遇マナー　スキルアップ名句　その16

トイレ介助編

プライバシー
きちんと守って お手伝い

ポイントレッスン 17 オムツ交換

お手伝いしますから すっきりしましょうね。

! 声かけのポイント

1. 恥ずかしがるようなあからさまな心ない声かけはつつしみます。
2. 「オムツ」「汚い」などの言葉を使わないようにします。
3. その日の気候や体調、テレビなどの話をしながら、さりげない声かけを心がけます。
4. 皮膚などに異常がないか観察をしながら、最低限の声かけで手早く行ないます。

良い声かけ

ご利用者の意志を尊重しながら、「隣のお部屋で少しすっきりしましょうか」と、さりげなく声かけをしましょう。

ダメな声かけ

「オムツを交換しましょうか」と、オムツという言葉に対する羞恥（しゅうち）心に配慮のない声かけをしないようにしましょう。

❗ マナーのポイント

① さりげなく行ないます。

準備すべき物はきちんと
整えておきましょう。

② 室温を調整します。

足もとや露出した肌の部分には
バスタオルやタオルケットを掛けます。

③ 不快感を出さないようにします。

決していやな顔をしたり、不愉快なようすで汚物や排せつ物の容器などを持たないようにします。

接遇マナー　スキルアップ名句　その17
オムツ交換編

しっかりと、
手際は基本に 真心込めて

ポイントレッスン 18 リハビリ

できるようになりますから いっしょにがんばりましょう。

声かけのポイント

1. リハビリを始める前に、所要時間ややり方を実際にして見せて説明します。
2. 本人が目的を確認できる声かけをします。
3. リハビリのつらさを受容する声かけをします。
4. 励ますような声かけを心がけます。
5. リハビリ途中での思いやりの声かけも大切です。

「必ずできるようになりますからがんばりましょう」「足が1cmでも上がるように挑戦しましょう」などと、希望を持たせる声かけをしましょう。

「もっとがんばって！」などと、やる気を強制したり、「もっとできるからしてください」など命令口調で声かけをするのはやめましょう。

❗ マナーのポイント

① 作業前に点検します。

つめや衣服は清潔にし、
名札を付け忘れていないか、
ペンを差していないかなどを
チェックします。

② 障害物を取り除きます。

③ 体臭や口臭に気をつけます。

特に理学療法士や作業療法士は、相手の体を支えて介助をすることもあるので気をつけます。

接遇マナー　スキルアップ名句 その18
リハビリ編

がんばりましたね！
リハビリ効果は 褒めじょうず

ポイントレッスン 19 アクティビティ

皆さんの知っている曲をいっしょに歌いましょう。

声かけのポイント

1. アクティビティの参加を促すような声かけをします。
2. やる気や興味を抱かせるような声かけをします。
3. 不満がある方には声かけとともにその理由を傾聴します。
4. 拒否をする利用者に対して過度な声かけにならないよう気をつけます。

良い声かけ

「皆さんじょうずにできましたね」「元気なお声が聞けてよかったです」などと、個人を引き立てるより全員を褒める声かけをします。

ダメな声かけ

「○○さんはできるけど、○○さんはできなかった」などと、特定の方の参加意欲を損なわせるような声かけをしないようにしましょう。

❗ マナーのポイント

① じょうずに褒めます。

うまくいかなくてもそのことを指摘せず、良くできた部分を褒めます。

② 特別扱いしないようにします。

特定の人だけを褒めたり名指ししたりしないようにします。

③ 五感で楽しみを共有します。

見る・聞く・触れる・におう…などの感覚を使うような楽しみを共有します。

接遇マナー　スキルアップ名句　その19

アクティビティ編

和やかに
みんなが主役の レク実践

ポイントレッスン 20 お見送り

ありがとうございました。また、元気でいらしてくださいね。

! 声かけのポイント

1. お見送りのときは玄関に出て声かけをします。
2. 「今日は一日ありがとうございました」などと感謝の声かけをします。
3. 「またお目にかかるのが楽しみです」などと明るく再訪を促す声かけをします。
4. 楽しく過ごすことができたかの確認の声かけをし、今後のサービスの参考にします。

良い声かけ

「また元気なお顔を見せてくださいね」「今日も私たちも楽しかったですよ」と握手をしながら励ましの声かけをしましょう。

ダメな声かけ

「今日はここまで」「時間ですよ」などと、気を削いだりせかせたり、事務的な言い方の声かけをしないようにしましょう。

マナーのポイント

1 感謝の気持ちを笑顔と態度で伝えます。

2 家族に報告します。

一日の中でよくできたことや
励ましを忘れずに伝え、
家族には必ず報告をします。

3 次の出会いを約束します。

「また、お待ちしております」という
ひと言を忘れないようにしましょう。

接遇マナー スキルアップ名句 その20
お見送り編

振り返ろう
満点でした？ マナーと声かけ

ポイントレッスン21 認知症1

待っていただけますか？
あとでゆっくり
お話をしましょうね。

！声かけのポイント

1. はっきりゆっくりと、その方に合った表現で話しかけます。
2. 専門用語や和製英語を使わないようにします。
3. 繰り返して話す、区切って話す、返事を確認しながら話すようにします。
4. 相手が不安がる言葉や傷つくような声かけはしないようにします。

相手を認める安心言葉でいつも接し、いつもにこやかに、その方に耳を傾けるという姿勢で声かけをします。相手の言葉には必ず返事をしましょう。

「こんなことができないの」「また忘れてしまったの」などのダメ出しは禁句です。イライラや腹立ちの表情や態度で声をかけないようにしましょう。

! マナーのポイント

1 自尊心を尊重して傾聴します。

健常者とお話をするのと同じように
応対するよう心がけます。

2 期待する反応がなくても説得したりしないようにします。

3 常に笑顔で接します。

認知症の方はいやな顔や態度を敏感に感じ取ります。手を握るなどスキンシップをしながら優しく対応します。

接遇マナー　スキルアップ名句 その21
認知症編

心の扉
開くあなたの 笑顔と声かけ

ポイントレッスン22 認知症2

そうですよね。
私もそう思いますよ。

! 声かけのポイント

1. すべてを否定しないでそのまま受容します。
2. 思いに共感するような声かけをします。
3. プライドを失っていないので否定的な声かけをしないようにします。
4. マイナス言葉は決して使わないようにします。
「ダメ」「困ったわね」「同じことばかり言わないで」

良い声かけ

話をよく聞いて、じょうずに相づちを打てる声かけをします。共感する、励ますような声かけが望ましいでしょう。

ダメな声かけ

「今、したでしょ」「おかしいですよ」などと話のまちがいを正そうとするような声かけはしないようにしましょう。

❗ マナーのポイント

① 誠実に自然体で接します。

認知症は病気だということをしっかり理解しておきます。

② 自分がされていやなことはしないようにします。

このようなことをされて私はうれしいだろうか、と少し立ち止まって考えてみることが必要です。

③ 繰り返される会話にこたえるようにします。

認知症の方は「忘れたこと」を忘れてしまいます。記憶が定着しないため書いて渡しておくなどの工夫が有効なこともあります。

接遇マナー　スキルアップ名句　その22
認知症編

あなた自身が
落ち込まないで 諦めないで！

ポイントレッスン 23 初対面

いらっしゃいませ。○○さん、お待ちいたしておりました。

受け答えのポイント

1. 「こんにちは、いらっしゃいませ。○○さん、お待ちしておりました」「おうかがいいたしております」などと、ひと言添えてあいさつをします。
2. カウンター越しではなくロビーのソファに座るなどしてていねいな応対を心がけます。
3. 郵便番号・電話番号・FAX番号・Eメールアドレスなども確認しておきます。
4. 必要であれば、栄養士や理学療法士、作業療法士なども同席するようにします。

特に書類記入の際などには、親切にわかりやすく説明し、「何かご不明なところはありませんか」などと付け加えてあいまいにしないようにします。

「書類をよく読んでください」「あとで渡した資料に目を通してください」など、確認や説明を省略するとトラブルの元になります。

マナーのポイント

1 最初に担当したスタッフが対応します。

電話で相談を受けたり、
初対面で受け答えをしたりした
担当者が、お出迎えします。

2 詳細をしっかり聞き取り記録します。

今後の連絡先、連絡相手、
連絡可能な時間帯などを
おうかがいしておきます。

3 きちんと伝えて質問には的確に答えます。

名刺やご利用者の
資料などを
事前に用意しておき、
説明とともに担当は
だれになるかということも
お伝えします。

接遇マナー　スキルアップ名句 その23
接遇編

初対面
第一印象で 好感度アップ

ポイントレッスン 24 お迎え

○○さん、ようこそいらっしゃいませ。

お迎えのポイント

1. お名前やお顔をしっかりと頭に入れておきます。
2. 立ってお迎えをし、笑顔で明るくこちら側から声をかけます。
3. 訪問者のお名前を確認し、ていねいに応対します。
4. ゆったりとくつろいでいただけるよう配慮します。
5. 介護の仕事の必要性や有用性を説明したうえで、具体的な話に入るようにします。

良いお迎え

過度に謙遜したり迎合したりすることなく、相手を大切に思う気持ちでお迎えしましょう。相手を大切に思う気持ちがないと言葉も生かされません。

ダメなお迎え

態度や言葉によって組織全体が判断されることが多いので、気をつけるようにしましょう。

! マナーのポイント

1

**あいさつの前に
身だしなみを確認します。**

2

**相手の顔を見て、
敬語を使って話します。**

早口や小声にならないよう、
明るくはっきりした口調で話します。
不安感や不信感を与えないよう
言葉を選びながら、
ていねいな説明を心がけます。

3

丁重にお迎えします。

お迎えのあいさつや自己紹介は、
カウンターから外に出て
あいさつをします。

4

わかりやすい言葉で説明をします。

接遇マナー　スキルアップ名句 その24
接遇編

**洋間では
まず立ち上がり 笑顔の出迎え**

ポイントレッスン 25 お世話

○○さんでいらっしゃいますね。
○○でございます。
どうぞよろしくお願いいたします。

声かけのポイント

1. 明るく元気良くあいさつをします。
2. 一日の時間のあいさつをした後、「初めまして」と、ここで一拍おきます。
3. 自分の耳で、声の調子や音量、話す速度などが気持ち良く伝わっているかどうかを確認します。
4. ひと言多く添えることで相手を大切にしている気持ちを伝えます。

「○○さんでございますね」「少々お待ちくださいませ」「○○さん、いらっしゃいませ」と、きちんと敬語を使って語尾をまとめるときれいな動作がついてきます。

「○○ですね」「お待ちください」「どうぞ」などの言葉がけでは不十分です。また、「ぼく、わたし」ではなく「わたくし、○○でございます」と自己紹介しましょう。

❗ マナーのポイント

1 身だしなみを点検します。

名乗るときは名札を指して行ないましょう。

2 あいさつ言葉は先手必勝です。

される前に自分のほうから
先にするというのが
あいさつじょうずです。

3 相手を見てから、あいさつ言葉をかけます。

4 動作できれいにまとめます。

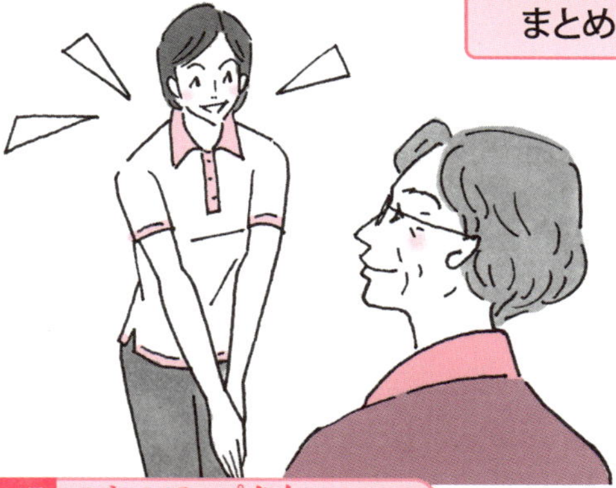

接遇マナー　スキルアップ名句　その25

接遇編

お名前を 確認してから
自己紹介

ポイントレッスン 26 連絡

○○さんの
ご家族の方でございますか？
○○の○○でございます。

連絡のポイント

1. かける先と相手を間違えないように確認します。
2. 肩書きを添えて、だれが連絡したかを伝えます。
3. 復唱して相互に確認することが大事です。
4. ご家族からの問い合わせには、5W1Hでお受けします。
   どなたが（Who）、いつ（When）、どこで（Where）、何を（What）、なぜ（Why）、どのように（How）
5. 言葉を省かないようにします。

良い連絡

連絡があったときは、何月何日、何時何分に、どこのどなた（フルネーム）から、どんな依頼などがあったことを、だれが受けたかを明確にして、担当者に速やかに伝達します。

ダメな連絡

「10分ほど遅れます」ではなく、「10分以内におうかがいできると思います」というようなできるだけ具体的な言い方をします。

! マナーのポイント

1 問題が起こったときはできるだけ早く連絡をします。

初めのときに万一の場合の連絡先もきちんと聞いておきます。

2 事前にわかっている場合は、FAX等書面でお知らせしておきます。

3 個人的なことを話す場合は、面談室や個室を使うなどの気を配ります。

4 自己解釈を入れずに明確な資料を提示して説明します。

接遇マナー　スキルアップ名句　その26

電話連絡編

電話マナー　５Ｗ１Ｈで確実に

ポイントレッスン27 面談

○○さん、このようにされては いかがですか？

❗ 面談のポイント

1. なぜ相談するのか、その理由をきちんとまとめておきます。
2. 相談する窓口はひとつにまとめておきます。相談内容が多岐にわたるような場合は、重要度の高い順から整理して、事実をお伝えし、具体的なアドバイスをしましょう。
3. 問題解決の方法を提案しても、強要しないことです。最終的に決めるのはご家族とご利用者であることをよく認識し、依頼や相談が必要になった原因にあたる事実をしっかりまとめておきます。

正確にデータを押さえながら、わかりやすく資料を見せて相手の態度を確認し、一方的にならないようにしましょう。心をひとつにする姿勢と言葉づかいが大切です。

原因が相手にあったときでも、相手の非をついたり、不安・不信を感じさせる言葉づかいにならないように注意しましょう。

❗ マナーのポイント

① 不安や不満を抱かせないようにします。

② 具体的な解決プランをたててて相談します。

ご利用者やご家族から
さまざまな意見や希望が出たときは、
ケアマネジャーなどと相談して
具体的な解決プランを
たてて相談しましょう。

③ 引き継ぎのときは承諾を得ておきます。

事前に担当者が変わることを
お伝えし、ご家族を交えて、担当者と
引き継ぎ者とで引き継ぎ項目の
確認を行なっておきましょう。

接遇マナー　スキルアップ名句　その27
面談編

人それぞれ
無理なく築く 信頼関係

ポイントレッスン 28 クレーム対応

○○さんの ご家族の方でございますか？ 申し訳ございませんでした。

! 対応のポイント

1. まず相手の言い分を素直に聞きます。
2. 苦情には最後まで口を挟まないようにします。
3. クレーム内容は時系列でメモしておきます。
4. クレームを受けたときは即答を避けます。
5. クレーム処理情報は共有することが大事です。
問題が解決された場合はクレーム改善の資料となります。

良い対応

クレームを受けた人が担当者と連絡を取り、原因究明・回答を検討します。担当者が約束の時間内に電話をかけ直し、来所・館の場合は再度説明します。

ダメな対応

謝罪の場合に時間をかけたり、理由をつけたり、言葉での言い逃れをしたりすると解決が難しくなります。ミスやトラブルの原因などを伝え、速やかに対処しましょう。

❗ マナーのポイント

❶ しっかり事実確認をします。

もし非がないときは、事実確認を
しっかりしたうえて、相手先に
もう一度確認を促すようにしましょう。

❷ 誠意を持って お詫びをします。

相手の眼を見て、言葉と共に、
心を込めて頭を下げましょう。

❸ クレーム処理は 上司が直接当ります。

最終的な謝罪や説明は、
担当者と共に上司が
直接当るのが
クレーム処理の鉄則です。

接遇マナー スキルアップ名句 その28
クレーム対応編

クレームの 対処は
すばやく 誠意持ち

ポイントレッスン 29 電話の手順

○○さまでいらっしゃいますね。いつもお世話になっております。今、お時間よろしいでしょうか？

❗ 手順のポイント

1. 電話の応対では、三つの「S」を頭に入れておくことが大切です。スピーディー（手早く）、シュアリー（正確に）、サービス（心を込めてサービス）
2. 必ず自分の名前を名乗って電話に出ます。
3. 相手の名前を必ず復唱します。
4. 電話のマイナス面によく注意し、声だけが頼りなので、対面のとき以上に心を込めることが大切です。

良い対応

早朝は「朝早くから失礼いたします」、夜9時以降は「夜分失礼いたします」、食事中は「お食事中に失礼いたします」など、時間帯で表現を変えましょう。

ダメな対応

忙しいからといってお待たせするのは失礼です。いったん出て、「お待ちいただけますか。それともあらためてお電話いただけますか」と確認します。

マナーのポイント

❶ 明るい声でゆっくりと話します。

ポイントは区切って、相手の返事を確認しながら話しましょう。

❷ 電話は組織を代表する声です

電話応対のよしあしで信頼度が左右されることをよく理解しておきましょう。

❸ 専門用語を使わずにわかりやすく説明します。

接遇マナー スキルアップ名句 その29
電話編

すぐに出て
早口避けて ていねいに

ポイントレッスン 30 問い合わせ

○○でございます。
ご用件を承ります。…
はい、かしこまりました。

対応のポイント

1. 問い合わせの電話を受けるときは、多少時間がかかると心得ておきます。
2. 心穏やかに、優しく親切に聞くことが基本です。
3. 聞く側が要領よく問いかけます。必要な話や問題点をメモしながら聞き出すようにします。
4. 相手の関心度の高いものから順に説明していきます。
5. お互いの連絡先を確認します。

声が聞き取りにくい場合は、「聞こえない」「声が小さい」などではなく、「少しお電話が遠いようですが」などと言います。

相手からの電話でも先に切らないようにします。切る場合に「ガチャン」と切るのはNGです。

❗ マナーのポイント

❶ 手ぎわよい応対を心がけます。

❷ 誠意が伝わる聞き方をします。

相づちの打ち方ひとつにも気をつけるようにしましょう。

❸ 常に相手の立場に立って聞きます。

話が止まって間ができたときは、今までの話の内容のポイントを短く話したり、会話の内容をゆっくり繰り返したりしてみましょう。

接遇マナー　スキルアップ名句 その30
電話編

身につけよう
明るい声と 言葉づかい

ポイントレッスン 31 緊急連絡

○○さまが体調を悪くなさいましたのでお知らせいたします。

連絡のポイント

1. 緊急時にどこのだれに連絡をすればよいかを事前に確認しておきます。
2. 連絡先の優先順位をうかがっておきます。
3. 出た相手の確認を怠らないようにします。
4. 急変や緊急の事態内容を落ち着いてお伝えします。
5. 施設や病院の緊急の連絡先（できれば担当者の）も必ず伝えます。

ご家族に、いつ、どんな状態で発熱やけがをしたか、今どういう処置を施こし、経過はどうか、今後何が必要かなどを的確に説明するようにしましょう。

すぐにご利用者やご家族からの質問に答えられないような事態は避けます。すべての検査資料や説明資料は準備しておきましょう。

マナーのポイント

① 動揺した状態で話さないようにします。

心を落ち着け、言葉を選んで
状況を伝えましょう。
病名告知などの場合は、
相手のようすを見て段階的に
伝えていくなどの配慮も必要です。

② 的確にお伝えします。

③ どんな場合も報告します。

軽い症状の場合でも電話連絡または
連絡ノートで報告しておきます。

接遇マナー スキルアップ名句 その31
電話編

**伝えよう
正しくはっきり 迅速に**

ポイントレッスン 32 危篤連絡

**急なお知らせでございますが、
○○さまのご容体が
急変いたしましたので
ご連絡いたします。**

❗ 対応のポイント

1. 早急に連絡をします。
危篤とは臨終直前の状態をいいます。原則としては、24時間、365日いつ連絡してもよいことになっています。
2. 連絡先の順位や電話に出た方が本来の連絡相手であるかどうかを確認します。
3. 落ち着いて、手短に、正確に、誠意を感じさせる言葉づかいで連絡します。
4. 応対窓口を明確に伝えます。

早朝・深夜という時間帯にかけるときは、「深夜（早朝）、突然のお電話で失礼いたします」とお詫びの言葉をひと言添えるようにしましょう。

連絡する際に社交辞令を述べたり、詳しい病状の説明をする必要はありません。緊急のことですから失礼にはならないので、誠意を伝えるように心がけましょう。

❗ マナーのポイント

❶ 連絡経路を明確にします。

施設や病院側も、ご家族側も
応対窓口をひとりにしぼります。

❷ ていねいな言葉づかいを心がけます。

「○○さまでございますか。
○○の○○でございます。
先ほど○○さまのご容体が
急変いたしましたので
ご連絡いたします」

❸ 心配りを忘れないようにします。

接遇マナー　スキルアップ名句 その32
連絡編

連絡や手配は
冷静 おごそかに

ポイントレッスン 33 厚意対応

せっかくですが お気持ちだけ ちょうだいいたします。

対応のポイント

1. 金品の受領については、施設や病院の規定に必ず従います。
2. 基本的に「謝礼」はもらうべきではありません。
3. 万一、個人宅に送られてきた場合は、「今後そのようなことはお気づかいないように」と一筆添えて受け取ったお礼を伝えます。
4. 気持ちはむげにはねつけないよう気を配ります。

良い対応

「決まりのですので、お気持ちだけいただきます」「皆さまからの金品類はいっさい受け付けない規則となっておりますので、どうぞお気づかいなくご理解ください」とお断りします。

ダメな対応

「困ります」「いただくわけにはいきません」など、思いやりのない一方的な断り方をしないようにしましょう。

マナーのポイント

❶ 優しくていねいに断ります。

断るタイミングを遅らせないで、
できるだけ相手を傷つけない話し方をして説得しましょう。

❷ 自分側のことを理由にして断ります。

あいまいな言葉で
断らないようにしましょう。

❸ 今後の良好な関係を配慮します。

相手のせいにして
断らないように
しましょう。

接遇マナー　スキルアップ名句　その33
厚意対応編

ルール守り
受けるは　感謝の気持ちのみ

ポイントレッスン 34 引き継ぎ

お疲れさまです。よろしくお願いいたします。

引き継ぎのポイント

1. 早めに準備してスムーズに引き継げるようにします。
2. 自分の憶測や感想・意見は入れずに時系列で事実を正確に伝えます。
3. 主要点をもらさず簡潔に伝えます。
4. 重要なことから、結論、結果を先に報告します。
5. 上司へは正確に迅速に連絡します。
   中間報告も必ず行ない、問題点や困難なことを相談して、独断で先走りをしないようにします。

良い引き継ぎ

「それではよろしくお願いいたします。お先に失礼いたします」とていねいに。なお、これから仕事に入る人は「お疲れさまです」と返答しましょう。

ダメな引き継ぎ

メモの用意を忘れたり、「報告」「連絡」「相談」の「報・連・相」の実践を怠ったりしないようにします。話は最後まで聞き、内容を復唱して確認しましょう。

❗ マナーのポイント

❶ **互いにねぎらいの言葉を忘れないようにします。**

❷ **慎重に聞き取ります。**

人名や数字は慎重に聞き取り、書き取るようにします。

❸ **遅れないようにします。**

やむをえない事情で遅れる場合は、速やかに状況を詳しく説明して、判断を仰いで対策をたてます。

接遇マナー スキルアップ名句 その34
引き継ぎ編

引き継ぎは
報・連・相で リスク発見

ポイントレッスン 35 ミーティング

○○ですが、
発言させていただいて
よろしいでしょうか。

対応のポイント

1. ミーティングの目的や性格を把握しておきます。
事前に配られた資料などに必ず目を通して、自分なりの意見をまとめたうえで臨みます。
2. メモは必ず取る習慣をつけておきます。
あとで自分の意見をまとめたり、発言したりする際の資料作りに役だちます。
3. 発言のときは必要性の有無を判断してから挙手します。

良い対応
自分の意見や結論を一番に、なぜそう発言するのかを説明、または経過報告します。ポイントをまとめて、発言時間も短く、感情的に話さないことなどが大切です。

ダメな対応
別の発言者の意見を途中で遮ってしまわないようにします。必要な場合は「よろしいでしょうか」などと承諾を求めてから発言しましょう。

❗ マナーのポイント

① 席次を確認しておきます。

ミーティングの席次については、
基本的に部屋の入り口から遠い席ほど
上席になります。

② 新人は末席に座ります。

入り口近くの末席へ座り、
外部との連絡や追加資料の
準備などを手伝います。

③ 遅刻は最大のマナー違反です。

ミーティングの開始時刻の
5分前には
着席しておきましょう。

接遇マナー　スキルアップ名句　その35
ミーティング編

会合は
席次たがわず　遅刻せず

ポイントレッスン 36 人間関係

恐れ入ります。これでよろしいでしょうか。

対応のポイント

1. 情報を共有することで人間関係も組織もうまくいきます。
2. 情報を共有するために正確な知識を身に着けます。
3. 正確に伝えるための努力を惜しまないようにします。
4. 誠実な姿勢で積極的にコミュニケーションを図ります。
5. 話しじょうず聞きじょうずの雰囲気づくりを心がけます。

良い対応

社会や職場はさまざまな人の集まりです。相手に関心を持ち、良いところを見つけるようにし、相手の立場に立って考えるようにします。

ダメな対応

悪口やぐちは厳禁です。自分から心を開いて改善点があれば行動に移していくようにしましょう。

マナーのポイント

1 常にあいさつを忘れないようにします。

気配りや心配りを示しましょう。

2 笑顔と優しい口調で話します。

3 相手の気持ちを理解して共感します。

相手のつごうを優先し、話に共感して熱心に耳を傾けます。

接遇マナー　スキルアップ名句　その36
人間関係編

お互いを
尊重すれば　関係良好

ポイントレッスン 37 チームワーク

○○さんのことはよろしくお願いします。

対応のポイント

1. 仕事を円滑に進めるためにはコミュニケーションが大事です。上司とのコミュニケーション（指示・命令）と同僚や部下との協力で信頼関係を築きましょう。
2. 正しい言葉づかいを心がけます。
3. 手伝ってもらうときは「お願いします」という気持ちを示します。感謝の気持ちを言葉にし、逆の場合でもいやな顔をせずに協力をしましょう。
4. 公私のけじめを守ります。親しき仲にも礼儀が必要です。それができればコミュニケーションはスムーズにいきます。

良い対応

出かけるときは「行ってまいります」「行ってらっしゃい」、戻ったときには「ただいま戻りました」、仕事を終えたときには「お疲れさまでした」「お先に失礼します」を忘れないように。

ダメな対応

ミスや遅れの原因を人のせいにはしないようにします。自分の言動には責任を持ち、“言い訳をしない”ことを常に心にとどめておきましょう。

❗ マナーのポイント

① あいさつが基本です。

人からあいさつをされる前に
自分から。良いあいさつをすれば
良いあいさつが返ってきます。

② 清潔第一を心がけます。

仕事にふさわしい服装と清潔を心がけ、
職場とプライベートのけじめをつけ、
仕事を離れたからといって節度のない
服装は避けましょう。

③ 無断の遅刻、欠勤、早退は厳禁です。

接遇マナー　スキルアップ名句 その37
チームワーク編

共有しよう
人の和 信頼 心のきずな

訪問介護1

おじゃまいたします。
よろしくお願いします。

❗ 声かけのポイント

1. 役割をしっかりと認識して業務を行ないます。
2. 笑顔で接し、安心して任せてもらえる声かけをします。
3. 気づかい、聞きじょうずを基本に信頼関係が築けるような声かけをします。
4. 物品扱いに気を配り、常に声かけをして確認します。
5. 拒否された場合は、理由が何なのか考えたうえでの声かけを行なうようにします。

良い声かけ

同じ人でも状態により日々変わります。いつも同じ声かけではなく、「今日はこの間よりお顔の色がいいですね」などと、状況判断をして臨機応変に対応しましょう。

ダメな声かけ

「家族関係を教えてください」「あの家は…」などと、プライバシーに踏み込んだり、知り得た情報を第三者にもらしたりしないようにします。

❗ マナーのポイント

① 身だしなみと言葉づかいに気をつけます。

はでな服装や化粧は慎しみ、
ご利用者のプライドを傷つけないように
礼儀や節度を守りましょう。

② プライバシーを守ります。

秘密主義とプライバシー
保護は鉄則です。

③ しぜんな態度でコミュニケーションを図ります。

④ 自己管理はプロとしての心得です。

接遇マナー　スキルアップ名句　その38
訪問介護編

来訪を
心待ちする ご利用者

ポイントレッスン 39 訪問介護2

ご利用いただきまして ありがとうございます。

対応のポイント

1. 仕事場は「ご利用者のお城」であることを念頭に置いてサービスの提供や声かけを行ないます。
2. 介護しながらもご利用者の状態を常に観察します。
3. 常に情報収集を心がけながら声かけをするようにします。
   食事・水分の摂取状況、排尿・排便・下痢など異変はないか、薬を服用できているかなど
4. 家族の心理的な負担を理解するようにします。

良い声かけ

「○○さん、これから○○しますから、ご協力をお願いしますね」などと、介護の内容を告げ、相手の目を見ながら、穏やかにはっきりと声かけを行ないましょう。

ダメな声かけ

規定外のサービスを求められた場合に、「できません」とそっけなく断るのではなく「申し訳ありませんが」のひと言を添えるようにしましょう。

❗ マナーのポイント

❶ 同情ではなく共感するように努めます。

ご利用者をひとりの人として認めて
対等な立場で、常に共感的な態度で
接するようにしましょう。

❷ 理解を示して接します。

高齢者の方には、長い時間の
蓄積があり、現在の健康状態や
生活習慣、価値観に深く
反映していることを理解して
接するようにしましょう。

❸ 家族のようすにも気を配ります。

接遇マナー　スキルアップ名句 その39
訪問介護編

感謝される
喜びを知る 生活支援

ポイントレッスン 40

急変対応1

だいじょうぶですか？ どなたか来て、手伝ってください。

対応のポイント

1. 状態を確認して応援要請します。
「だれか来てください」「AEDを持ってきてください」
2. 当直医などに緊急参集の依頼をします。
「○○です。○○さんが急変しました。すぐに来てください」
3. いざというときのために急変対応の知識や技術を身につけておきます。
4. 日ごろから見守りや客観的観察を心がけます。
5. 脱水や低栄養など急変の予防にも心がけます。

連絡の遅れはトラブルの原因になるので、家族への連絡は速やかに行ないます。状況や処置をわかりやすい言葉で伝えます。

急変の場合に自己判断で対応をするのはたいへん危険です。生命に危険が及ぶこともあり、必ず応援を呼びます。

マナーのポイント

1
高齢者の体について知っておきます。

機能や能力など老化に伴う体の変化を理解しておきます。

2
職種の役割を逸脱しないようにします。

介護職の医療行為について正しく理解し、可能なケアをするように心がけましょう。

3
バイタルサインを見逃さないようします。

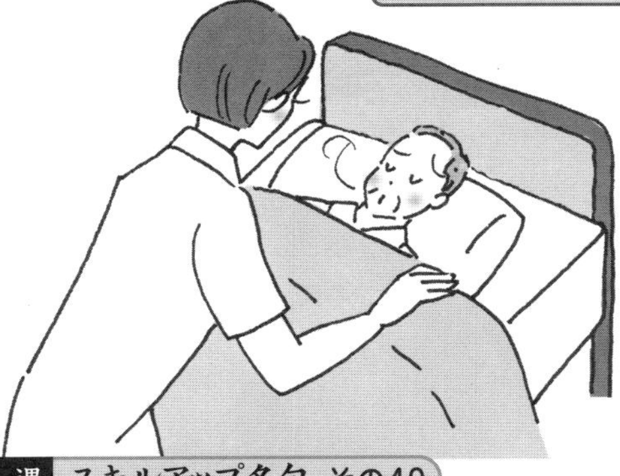

接遇マナー　スキルアップ名句 その40
急変対応編

急変は 慌てず
騒がず 落ち着いて

ポイントレッスン 41 急変対応2

だいじょうぶですよ。安心してくださいね。

対応のポイント

1. 連絡網を把握して迅速に対応します。
2. 個人の正確な情報収集を心がけます。
   個々のＡＤＬや病気、既往歴、服用している薬などを知っておくようにしましょう。
3. 適切な手当てや処置を速やかに行ないます。
4. スタッフ間の体制づくりと役割、共通認識を築いておきます。
5. 忘れず記録をしておきます。

良い対応

日常から救急時を想定して、連絡網を決めておくなど、急変時対応のための体制を整えておくことが必要です。体制告知をしておくと利用者も安心します。

ダメな対応

突然の急変に驚いてパニックにならないようにします。イメージトレーニングをしておきましょう。

❗ マナーのポイント

❶ 役割分担を明確化しておきます。

❷ 整理整頓を心がけます。

緊急時にスムーズに対応できるよう、施設や居室、廊下などをきちんと整えておきましょう。

❸ 救急箱やカートなどを点検しておきます。

物品や数、機器の作動の有無など詳細に把握しておきましょう。

接遇マナー　スキルアップ名句 その41
急変対応編

万一に
備え連携 最善尽くす

ポイントレッスン 42 告知

力及ばず たいへん残念でございます。

対応のポイント

1. 死亡確認をしてご家族に伝えます。「精いっぱい手を尽くさせていただきましたが、力及ばずたいへん残念でございます。心からお悔やみ申し上げます」
2. ご遺体のケアの際にはご家族にことばがけを行ないます。「ごいっしょにおふきになっていただいても、けっこうでございます」
3. 霊安室に移るときは宗教をうかがいます。ほかのご家族への連絡やお待ちいただく場所・時間を詳しく説明しておきます。

ご遺体とご家族に黙礼をしてから、ケアの言葉をかけます。「ただ今より、○○さまのお体の器具をお外しいたします。準備が整うまで○分ほどかかります。恐れ入りますが、○○でお待ちいただけますか」と詳しくお伝えしてください。

ご家族の意向を無視するような対応やケアをしないようにします。ケアのことばをかけ、ご希望の衣服に着替えさせるときは、ご家族にも参加していただくようにします。

マナーのポイント

① 言葉づかいに気をつけます。

電話連絡するときは「突然で誠に残念なお知らせでございますが、さきほど何時何分、○○さまがお亡くなりになりました。ご家族さま並びにご親族さま等へご連絡され、速やかにお越しいただきたいと思います」と丁重にお知らせします。

② 黙礼をするようにします。

ご遺体とご家族の方に一礼し、退室するときもドアの所でまた同じように一礼します。以後、部屋に入出する際は黙礼をするようにします。

接遇マナー　スキルアップ名句 その42
告知編

整理して
伝える内容 正確に

ポイントレッスン 43 訃報

突然のことで、驚くばかりでございます。ご無念でございましょう。

対応のポイント

1. 礼を失することのないように言葉を選びます。
2. お悔やみの言葉は手短に、慎み深いあいさつを心がけます。特に難しく考えず、ご遺族へのいたわりの気持ちを表しましょう。
3. 葬儀や通夜の連絡事項を確認しておきます。
   故人の姓名、年齢、肩書き、死亡日時、喪主名、通夜の日時と場所、宗教、葬儀および告別式の日時と場所などを正確に聞いておきます。

「このたびは突然のことで、心よりお悔やみ申し上げます。元気になられると思っておりましたのに、残念でございます。ご看病疲れが出ませぬよう、お気をしっかりお持ちください」

老衰（自然死）の場合でも「お年に不足はございません」というような言い方は避けましょう。家族にとっては大事な人が亡くなられたのですから心ない言葉といえます。

❗ マナーのポイント

❶ お悔みの気持ちを伝えます。

❷ 電話は手短にすませます。

葬儀日程などを知るために連絡するときは「この度はご愁傷様です。お取り込み中申し訳ありません。葬儀日程と斎場をうかがってよろしいですか」と用件だけを聞くようにしましょう。

❸ お悔やみを電話ですまさないようにします。

弔問に行けないときに、お悔やみを電話ですまそうとするのは非常識な行為ですので避けるようにしましょう。

接遇マナー スキルアップ名句 その43
弔事編

手短に
心の込もった お悔みを

ポイントレッスン 44

弔問

このたびは突然のことで、心よりお悔やみ申し上げます。

❗ 弔問のポイント

1. 焼香と献花の作法

仏式の一般的な焼香です。周囲に会釈して焼香台に進み、遺族に対して一礼してから遺影に一礼し、軽く一歩下がって遺影に一礼し合掌します。下がるときにはひと声かけて一礼し、席に戻ります。

2. 献花の仕方

無宗教のお別れの会などでも行なわれることがあります。花を右側に下から、茎を左側に上から胃の高さに持って祭壇の前に進み、遺族に対して一礼し、献花台やひつぎの前で遺影に一礼します。一歩進み出て、茎が祭壇に向くように花を45°時計回りに回して、両手で縦一文字に置きます。一歩下がって一礼して短く黙とうします。

「突然のことで、ただ驚くばかりでございます。さぞご無念でございましょう」「天寿を全うされたうえでのことと存じますが、誠に残念なことでございます」

無言では思いは伝わりません。「どうぞ、お力落としのございませんように」という遺族に対することばがけを忘れないようにしましょう。

❗ マナーのポイント

① 男性の場合は通夜から喪服が原則です。

喪服を着用し、着替える時間がないときは、暗寒色（ダーク、グレー、ダークブルー）のスーツを着用し、黒ネクタイ、黒靴下、黒靴でうかがいます。

② 女性の場合は

ひざ頭が隠れるスカート丈、長そで、えり元の詰まったデザイン、透けない素材にする。
金属製の光るアクセサリーは着けない。アクセサリーは真珠か水晶で1箇所だけ。ネックレスなら一連、黒のストッキング、黒表皮のパンプス。夏場でも、参拝時だけは長そでの上着を着用。髪はまとめて、薄化粧、マニキュアはしないようにします。

接遇マナー　スキルアップ名句　その44
弔事編

弔問は
しきたり マナーを 知って参列

ポイントレッスン 45 法要

ごていねいに恐縮でございます。お参りさせていただきます。

対応のポイント

1. 連絡をいただいたらできるだけ出席します。
「もう一周忌を迎えられたのですね。謹んでお参りさせていただきます」「ごていねいに恐れ入ります。ご霊前にごあいさつさせていたただきます」

2. 喪服でうかがいます。
先方が「略式でけっこうです」と言わない限りは、喪服でうかがい、長居をしないで早めに失礼します。

直接の担当者やよく知る人が出席して、ご遺族の知らない故人の思い出話をして差し上げます。

「人生の先輩として教えていただくことも多く…」というような話題に終始し、決してお世話をしてあげたというような態度は見せないようにしましょう。

❗ マナーのポイント

❶ 法要のときの金封紙と表書き

金封なら黄白の結び切りの水引に「御仏前」「御供」、ていねいにするなら、ご戒名を右上に書き、「故○○様一周忌御供」と書きます。供物の場合は、黄白の結び切りの掛け紙に「御供」と書きます。
品物は、生花やお菓子、果物、線香、ろうそくなどが一般的です。金額の目安は供物料の場合と同じでよいでしょう。

❷ 連名の表書きの書き方

右から左へ目上順に名前を並べます。ただし、3～5名以上になる場合は、表に「有志一同」または代表者名、施設名などを表書きし、中に全員の氏名、施設等の住所を書いたものを入れておきましょう。

❸ 出席できない場合は手紙を添えます。

お供えを郵送する場合は、金封紙と共に、必ずお悔やみの手紙を添えましょう。

接遇マナー　スキルアップ名句　その45
弔事編

法要も 一周忌までは
参列すべし

身だしなみの基本

清潔であることはもちろん、相手に安心感を与え、信頼され、心をいやして差し上げるようなイメージで身だしなみを整えることが大切です。

1 服装

清潔感のある服装

どんな場合でも、服装はTPO（Time＝時・Place＝所・Occasion＝場合）をわきまえることが基本です。清潔感のある服装を心がけ、こまめに着替え、汚れや薬品のシミなどに気をつけましょう。

2 ヘアスタイル

髪はまとめる

額と耳を出して明るくシャープなイメージに。前髪が長く、耳元にパラパラ髪が掛かると暗く重たい印象を与え、清潔感を損ねます。長い髪は仕事のじゃまになるのですっきりとまとめ、目だちすぎるヘアアクセサリーは避けましょう。

3 メイク

自然な薄化粧にする

健康的に、明るく見えるナチュラルメイクを心がけましょう。濃いアイシャドウやマスカラは控えて薄めにしあげること。口紅もダークな色ではなく、しぜんな色合いのものを。オレンジ系のチークを入れて元気な表情を作りましょう。

4 手先・指先

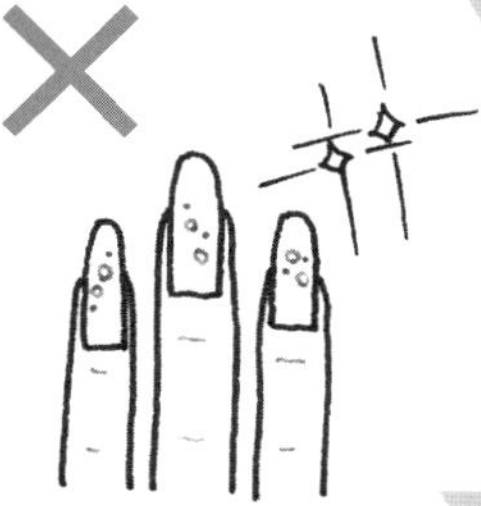

つめは短く切りそろえる

つめはいつも短く切りそろえておきたいもの。ネイルエナメルの色付きはピンクまで。パールやラメはオフタイムでは自由ですが避けてください。

5 アクセサリー

仕事中は控えめが原則

付けないぐらいの気持ちが大事です。特に揺れるタイプのイヤリングなどはやめましょう。

6 足元

機能に合った靴下と安全な靴

靴下やストッキングは、服装にマッチするデザインや色を選びましょう。靴はほころびや汚れに気をつけて、不快感を与えないようにします。

2 身だしなみのチェックポイント

1. 服装など

□体臭・口臭を絶えずチェックしている
□清潔でよくクリーニングされた衣服を着用している
□ボタンをきちんと留めている
□染み・ほころび・ボタンの緩みがない
□名札を正しい位置に付けている
（名札は相手に見やすい文字や大きさか）
□胸ポケットにペン等を差したり、ポケットに物を詰め込みすぎたりしていない
□スカートやズボンの丈を（体型によっては調整も必要なので）不自然に調整していない
□下着（色や丈）にも配慮している
□駆血帯や聴診器等をベルトに結び付けていない
□通勤着は華美にならないものを心がけている

2. ヘアスタイル

□髪は常に清潔にしている
□髪の長さが肩より長いときは、必ずまとめている
□前髪や両脇の髪が顔に掛かりすぎていない
□目だつ髪飾りやクリップ留めをしていない
□はでなヘアカラー（明るすぎる茶髪）をしていない

3. 手先・指先

□つめは伸びすぎていない
□指先に汚れなどはない
□マニキュアを付けていない
□手にメモ書きをしていない
□そで口が汚れていない

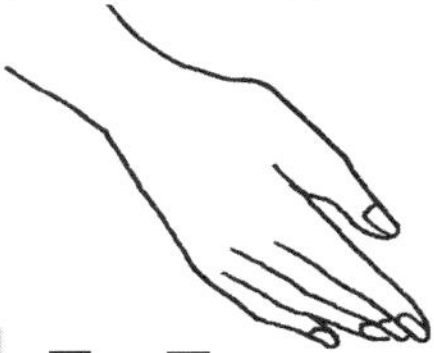

4. メイク

□素顔ではない
□しぜんで健康的な薄化粧である
□濃いファンデーションをしていない
□目だつアイメイクをしていない
□顔色が悪く見える色の口紅を
使わない
□香水を付けていない

5. 足　元

□かかとの高い靴を履いていない
□手入れの行き届いた靴を履いている
□音のしない靴を履いている
□替えの靴下の用意がある
□靴下は指定（色）の物を着用している
□サンダルやスリッパを履かない

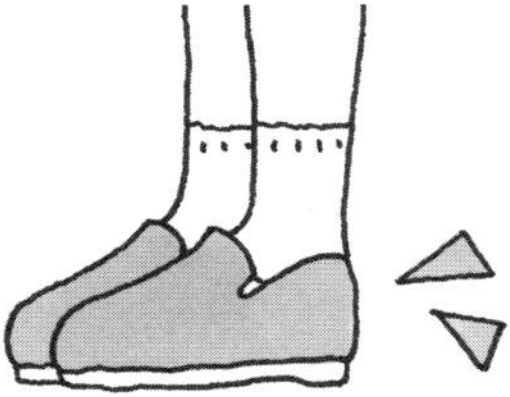

6. アクセサリー

□ネックレスやブレスレット等は付けない
□イヤリングやピアスはしていない
□高価な腕時計や大きすぎる腕時計をしない
□清潔なハンカチを絶えず常備している

3 姿勢としぐさ

正しい立ち姿や姿勢、歩き方はマナーの基本です。背筋を伸ばし、ほどよく前を見て、いきいきとした笑顔で対応します。またあたりまえのことですが、相手が見えたらすぐ席を立ってあいさつできる態勢や、ペンや書類の渡し方など、こまやかな気配りも大切なことです。

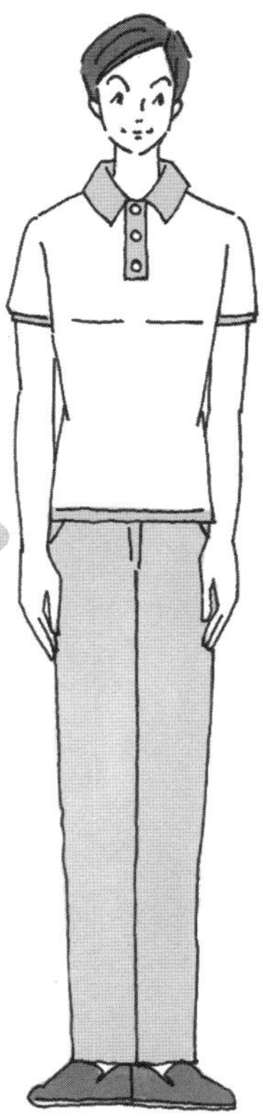

好感の持てる立ち姿のポイント

❖目線はまっすぐ水平か、相手を見る
❖あごは上げすぎず引きすぎない
❖肩の力は抜き、背中を丸めない
❖下腹を引き締め背筋をピンと伸ばす
❖女性…手を前にきれいに重ねるか、
　　　　太ももに「ハ」の字に置く
　男性…脇のズボン線に小指が触れる
　　　　ように下ろす
❖女性…かかともつま先もそろえる
　男性…かかとは付けて、
　　　　つま先を軽く開ける

こんなときは、こんなしぐさを

施設・院内での正しい歩き方のポイント

❖視線を落とさずに歩く
❖背筋を伸ばして肩や上半身を揺らさずに歩く
❖手を大きく振らない
❖走らない
❖できるだけ廊下、通路の中央を歩く

物の受け渡し

❖物を渡すときは、必ず両手で持ち、相手の方に向けて渡し、相手が受け取ったことをきちんと確認する。
❖受け取る側になったときも両手でしっかり受け取る。

物をさし示す

❖指先を伸ばし、そろえて正確に方向や物をさし示すとスマート。
❖ひとさし指１本でさし示さない。

呼び止められて振り向くとき

❖体全体を相手の方に向け、相手を確認して軽く会釈する。
❖顔だけを後ろに向けない。
（車イスを押しているときなどは例外）

4 おじぎのポイント

礼の前後に相手を見る。腰から上体を傾ける。指先までそろえて礼をする。というのがおじぎのポイントです。

草　礼（浅い礼） ほんの少し上体を傾けて行なう礼	●部屋の入退室　●イスの立ち座り ●飲食物を出すとき、出されたとき ●人の前を横切るとき　など
行　礼（中間の礼） もっともよく用いられる礼	●オールマイティー （いつでもどこでも使える）
真　礼（深い礼） 大切なけじめの礼	●儀式、儀礼 ●依頼、おわび、感謝、お祝い等 の気持ちを表すとき　など

❖かけ礼

		上体の傾斜
上半身を握りこぶし1つ分前傾する		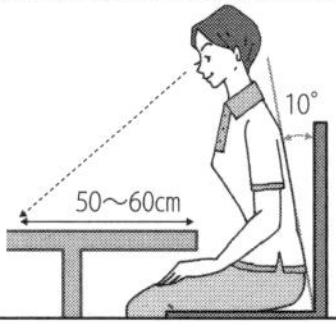
目線	体から60cm前後（男性は70cm前後）	
手	基本の手の位置そのまま	
上半身を握りこぶし1つ半分倒す		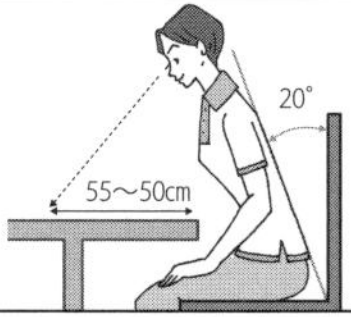
目線	体から40cm前後（男性は50cm前後）	
手	基本の手の位置そのまま	
上半身を握りこぶし2つ分倒す		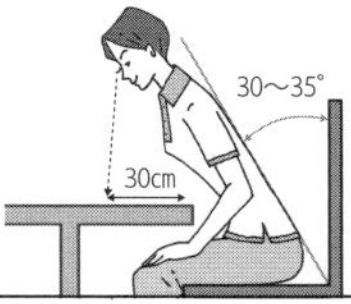
目線	体から30cm前後（男性は40cm前後）	
手	基本の手の位置から、ひざ頭に向けて 5〜6cm（男性は7〜8cm）移動させる	

❖立礼

		上体の傾斜
目線	傾き15°、つま先から130cm	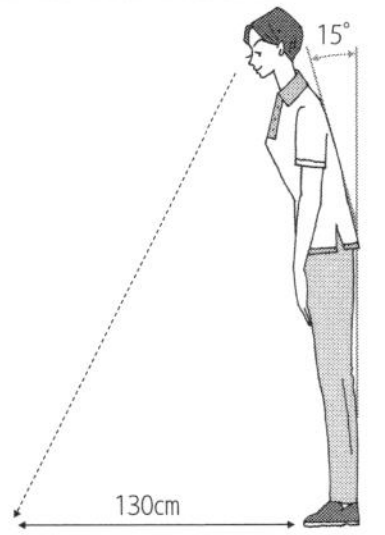
手(女性)	基本の手の位置から、 中指を 5〜6cmひざ頭に 向かって下げる	
手(男性)	基本の手の位置から、 中指を5〜6cm膝頭 外角に向かって下げる	
目線	傾き30°、つま先から60cm〜70cm	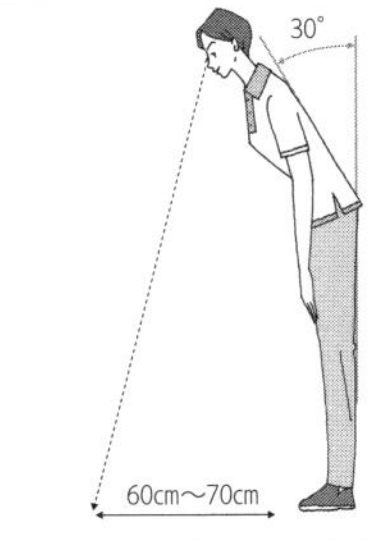
手(女性)	基本の手の位置から、手のひらを 太もも中央まで下げる	
手(男性)	基本の手の位置から、手のひらを ひざ頭外角に向かって太もも 中央まで下げる	
目線	傾き45°、つま先から30cm〜40cm	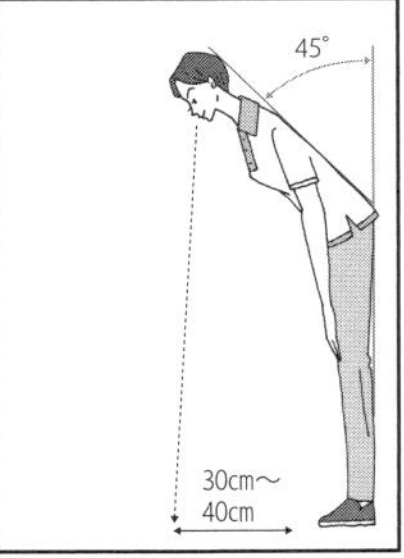
手(女性)	基本の手の位置から、 指先をひざ頭に届くまで下げる	
手(男性)	基本の手の位置から、指先を ひざ頭外角に届くまで下げる	

5 敬語と呼び名

敬語には尊敬語（相手を敬う）、謙譲語（自分をへりくだる）、ていねい語（ていねいな言葉づかい）の3種類があり、呼び名も身内や上下関係などで迷うことがあります。ご利用者や患者さま、ご家族など外部の方に対しては上司も身内ですので、右図のように謙譲語です。このように正しい使い方を身につけましょう。

❖ 敬語をじょうずに使い分けましょう。

自　分　側		相　手　側
両親	両親、父母	ご両親（さま）
父親	父	お父上、お父さま
母親	母	お母上、お母さま
夫	夫	ご主人（さま）、だんなさま
妻	妻	奥さま
息子	息子、長男の○○	ご子息、息子さん
娘	娘、長女の○○	お嬢さま、娘さん
家族	家族（一同）	ご家族（さま）
だれ	だれ	どちらさま
病院・施設	当院、当○○	貴院、貴○○

間違えやすい敬語例

✕ □□様でございますね。 ⇒ ○ □□様でいらっしゃいますね。
✕ おわかりいただけたでしょうか。 ⇒ ○ ご理解いただけたでしょうか。
✕ 了解しました。 ⇒ ○ 承知しました。（かしこまりました）
✕ 上司にも申し上げておきます。 ⇒ ○ 上司にも申し伝えておきます。
✕ あちらで伺ってください。 ⇒ ○ あちらでお聞きください。
✕ ご注意してください 。 ⇒ ○ ご注意ください。

❖ 敬語をじょうずに使い分けましょう。

普　通　語	尊　敬　語
する	される　なさる
言う	言われる　おっしゃる
見る	見られる　ご覧になる
聞く	お聞きになる　聞かれる
知る	ご存じでいらっしゃる
いる	いらっしゃる　おいでになる
来る	いらっしゃる　お見えになる
行く	行かれる　いらっしゃる
帰る	お帰りになる　帰られる
会う	お会いになる　会われる
受け取る	お受け取りになる　お納めになる
食べる	召し上がる

ていねい語	謙　譲　語
～します	いたす
いいます	申す　申し上げる
見ます	拝見する
聞きます	承る　うかがう　お聞きする
知っています	存じ上げる
います	おる
来ます	うかがう、参る
行きます	うかがう、参る
帰ります	失礼する
会います	お会いする、お目にかかる
受け取ります	いただく、ちょうだいする
食べます	いただく、ちょうだいする

6 電話のかけ方・受け方

あなたの声は、施設や事務所、病院を代表しています。あなたの応対が不快なものであれば、ご利用者や患者さま、ご家族への信頼をなくします。会って話す以上に気をつけましょう。

かけるときのマナー

かける内容の確認

何を言うべきか、何を確認するか、きちんと前もって心の準備をしておきます。どこのだれに（氏名・電話番号）、用件、担当者、連絡方法、こちらの番号と担当の名前、「○時まででしたら○○が承ります」と言えるようなこまやかな点にまで配慮できるようにしたいものです。慌てているときほど落ち着くことが大切です。

出た相手を必ず確認してから話す

特に重要な用件の連絡の場合に怠るとトラブルを招きかねません。

「三つのS」で応対しましょう!

❶ スピーディー（手早く）

❷ シュアリー（正確に）

❸ サービス（心を込めてサービス）

かける場所や状況選ぶ

個人的なことをうっかり人に聞かれたり、やかましくて聞こえなかったりすることがあるので、状況を見て場所を選んでかけるようにします。

留守番電話の吹き込みは慎重に

どの程度の用件まで伝えればよいのか慎重を要します。簡単な事務連絡くらいにしておいて、あらためてかけ直しましょう。

★電話の周りに必要な物★

・正確な時計 ・カレンダー

・メモとペン

・アドレス帳
（よく使う番号が整理されている）

※応対する表情がわかるよう鏡があるとよいですね。

電話機は左側、筆記具は右側

「はい…」に続くあいさつ言葉での受け方を施設内で統一しておく

「はい、○○ホームです」「はい、詰め所でございます」など。

相手によって応対言葉や態度を変えない

親しすぎないこと。外部の人が奇異に感じることがあるので、内部の人に対して敬語（敬意）を使わないようにします。

大事な報告や確認事項等は電話でしない

緊急時以外は別ですが、大事な報告や確認事項等は電話でしないこと。内容をわきまえましょう。

転送するときの注意点

待ってもらえるかどうか、かけ直してもかまわないのかを尋ねて、転送したときに必ずかけてきた方の氏名や用件を伝えます。

覚えておくと便利！

かけるときの言葉マニュアル

- 「○○ですが、○○○○さん（フルネーム）はいらっしゃいますか」
- 「お忙しいところ恐れ入ります」
- 「ご不在でしたら、ご伝言をお願いできますか」
- 「それではごめんください」

受けるときの言葉マニュアル

- 「私は○○と申します。それではご用件を承ります」
- 「失礼ですが、どちらさまでしょうか」
- 「あいにく○○は席を外しております。戻りましたらこちらからおかけしましょうか」
- 「はい、この件、○○に申し伝えます」

7 ファックス・携帯・Eメールの場合

FAX、携帯電話、Eメールなどは便利なツールですが、不用意に使うと迷惑なものです。緊急性のない場合や目上の方に対してはひかえ、基本的なマナーは守るようにしましょう。

FAXの場合

■あて名、発信者名、電話番号を記入した送信票を付けて送ります。

■相手のFAX番号は、電話をかけるとき以上によく確認しましょう。大事な内容なら送信後、届いたかどうかを相手に電話で問い合わせます。

■枚数が多くなる場合は、前もって相手の承諾を得るようにしましょう。

携帯電話の場合

■相手の状況がわからないので、「今お話をしてもよろしいですか」と、つごうを聞いてから用件に入りましょう。

■他人の着信音や話し声は耳障りなものです。控え目を心がけることが大切です。

■会議中や乗車中、公共の施設にいる場合は、電源を切っておくか、マナーモードにしておきます。

Eメールの場合

■急ぎや大事な内容の場合は、間に合わなかったり行き違いが起こることがあるので注意が必要です。
電話やＦＡＸのほうが安心です。

■迷惑メールと思われることがあるので、タイトル（件名）は必ず付けるようにします。

■届いたメールには必ず返事を。放置しておくのは失礼なので、読んだことだけでも知らせておきます。

電話と時間のいい関係

「あらためておかけ直しいたします」とはどのくらいの時間なのか。10分以内を目安とし、10分以上かかるときは時刻指定、時間指定を必ずするようにします。

時刻の指定

「あらためて○○時ごろにもう一度おかけ直しいたします」

「○○時ごろ…」とは言った
時間の前後5分
（その時間を挟んで10分間）
その中でかけること。

時間の指定

「あと10分ほど後に、おかけ直しいたします」

「もうしばらくして…」と
漠然とした言い方はしないで

- **■「10分以内には、○○が戻りますので…」**
- **■「10分以内におかけ直しができると思います」**
- **■「10分以内にこちらからご連絡いたします」**

（時間を区切る）

8 訪問のマナー

ご利用者やご家族を訪問するときは必ず予約が必要です。

訪問するときは、きちんとした手順を踏むようにしましょう。先方のつごうを確認し、訪問の約束を取り付けてから訪ねます。事前に「明日○時にうかがいます」と予約確認の電話を入れます。どのような訪問か（訪問の目的）、状況、相手との関係などに合わせた心づかいが必要です。わずかな時間でも目的を遂げることができれば、その訪問は成功です。

予約を取る

■あくまでも先方のつごうに合わせますが、自分の希望も伝えて調整します。「いつがよろしいでしょうか」と先方のつごうをうかがって、訪問の日時を決めます。そして復唱して、再度確認をするようにします。

■訪問の目的、日時、場所、所要時間、氏名と人数を伝えます。

■「いつでもどうぞ」と言われたとしても、休日や早朝、夜間、食事時を外し、午前10時～11時、午後1時～4時あたりにするのが常識です。

事前確認

■2～3日前、あるいは前日に、「あしたは○時にうかがいますのでよろしくお願いします」と、予約の確認と念押しのあいさつをしておきましょう。

■予定を変更したい場合は、先方に迷惑がかからないよう、すぐに連絡します。「申し訳ございません、お約束の時間を変更させていただきたいのですが」と、まずは謝罪してから理由を簡単に説明しましょう。直前の変更連絡やすっぽかしは、信頼関係をなくしてしまいます。

時間厳守

■時間厳守は最低限のマナーです。つごうにより遅刻しそうになった場合は、「申し訳ありません。○時におうかがいする予定でしたが、つごうで15分ほど遅れてしまいそうです。急いで参りますので、よろしくお願いいたします」というようにすぐ連絡します。10分の遅れでも「20分ほど遅れそうです」と、二重の遅刻にならないよう余裕をもって伝えましょう。なお、あまり早く訪問されても先方にとって迷惑な場合もあります。

■家事援助での外出時も時間厳守です。例えば、買い物に出るときや散歩でも時間を伝えて約束どおりに戻りましょう。

訪問したとき

①10分前に着いて玄関の外で身だしなみを軽く整える

コートやマフラー、手袋などは基本的に玄関の外で外しておきますが、気候次第でコートは入ってからでもかまいません。雨や雪でぬれた傘は玄関内に持ち込まず、玄関の外に立て掛けるか、傘立てに入れておきます。

②インターホンで来訪を告げる

「ごめんください」のほかに、「こんにちは」「おじゃまいたします」「失礼いたします」と呼びかけのあいさつ言葉を言います。「ごめんください。わたくし○○の○○でございます。今日はお迎えにうかがいました」などと、訪問の目的もはっきり言いましょう。

③玄関内に手短にあいさつします

履き物を脱いで上がるときは前向きがマナーです。上がってから先方におしりを見せないように、ひざまずいて履き物の向きを直して、隅に寄せます。専用の上履きがあるときは、失礼しますと断って履きます。

④下座で待ちます

自分の手荷物はできるだけ１つにまとめるようにし、部屋に通され相手を待つときは下座で待つようにします。部屋の出入り口に近い所が下座になります。

人を紹介する（してもらう）ときのマナー

- 社内の人を社外の人に、年下の人を年長者に先に紹介。
- 紹介者は中間に立ち、手のひら全体で指し示しながら紹介。
- 身内は呼び捨てに、社外の人には敬称を付ける。
- 紹介されてからあいさつする際、「はじめまして、○○と申します。よろしくお願いいたします」など、明るくていねいにあいさつし、名刺交換します。
- 紹介者が自分より目下であれば、「いつも○○がお世話になっております」などとひと言添える。

9 応接のマナー

お迎えからお見送りまで
心を込めてきちんと応対します。

ご利用者や患者さま、ご家族が施設や病院に訪ねて来られたとき（ご相談やお見舞い）、信頼が得られるか失望させるかは、あなたの応対の仕方のよしあしで決まります。マナーをおろそかにしないで、いつも笑顔と心からお迎えする気持ちで応対したいものです。

1. 用件内容の確認をします。ご予約のあるときないとき、初診か再診、見学（予約あるなし）の確認をします。「相談」が多いでしょう。特に受付での応対は大事です。来客に気づいたら、すぐに立ち上がりましょう。

2. 内部担当者の確認をします。取り次ぐ場合は、お名前、用件、担当者などを確認したうえで正確に取り次ぎます。

3. 担当がいなければ違う人が承ります。長く待たせないようにし、また、お客さまを立ったまま待たせないようにします。

4. 施設案内等に必要な資料を示して応対します。

5. あいさつをきちんとします。「ようこそ」ではなく、あいさつの頭に「遠いところを…」「お寒い中を…」「ご足労くださいまして…」などという言葉を添えると気持ちが伝わるでしょう。

6. お見送りは、来客者と自分の地位・関係によりますが、原則として玄関まで同行します。応接室などが高い階にあるときはエレベーターまで同行し、ドアが閉まるまで見送りましょう。車イスや杖の方の場合は、安全に乗り物に乗られたか、お帰りになられたかの確認をします。タクシーを呼ぶ必要があるかどうかの確認なども忘れずに。タクシーには行き先を告げ、荷物や杖のことまで運転手に伝えてこそよいお見送りです。

❖ 宗教による水引と表書き

宗教	水引	表書き
仏式	黒白の水引	御霊前・御香典 御香料 （御仏前は四十九日以降の法要）
神式	銀一色・白一色 （黒白も可）	御霊前・御神前 御玉串料・御榊料
キリスト教式	白無地	御霊前・御花料 献花料

※各宗教共通…「御霊前」又は「御供」で、黒白水引き

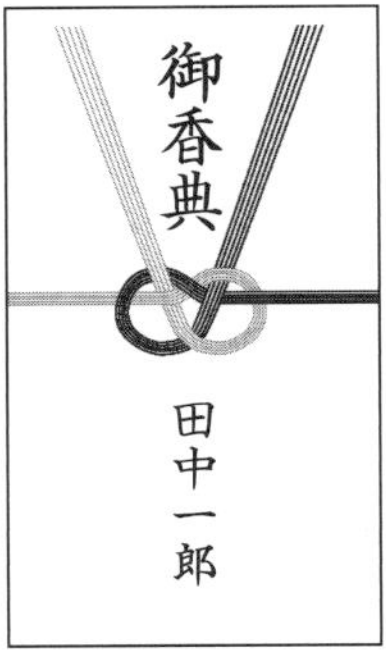

仏式

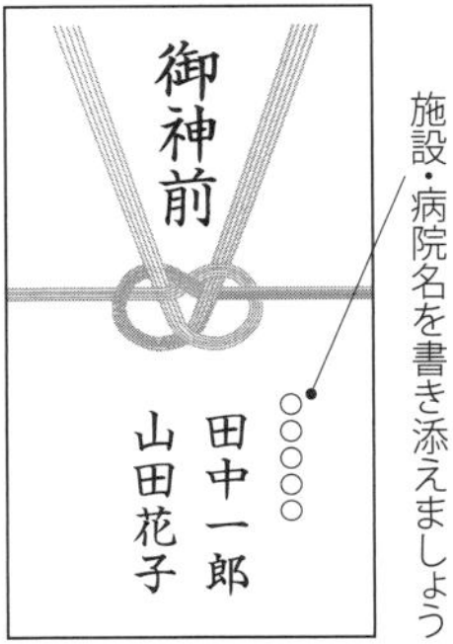

神式

キリスト教式

法要時の金封紙と表書き

金封なら黄白の結び切りの水引に「御仏前」「御供」、ていねいにするなら、ご戒名を右上に書き、「故○○様一周忌御供」と書きます。金額は香典の二分の一程度が目安とされています。供物の場合は、黄白の結び切りの掛け紙に「御供」と書きます。品物は、生花やお菓子、果物、線香、ろうそくなどが一般的です。金額の目安は供物料の場合と同じでよいでしょう。

表書きを連名で書く場合

右から左へ目上順に名前を並べます。ただし、三～五名以上になる場合は、表に「有志一同」または代表者名、施設名などを表書きし、中に全員の氏名、施設等の住所を書いたものを入れておきましょう。

出席できない場合

どうしても出席できない場合はお供えを郵送します。現金書留で郵送するときは、金封紙と共に、必ずお悔やみの手紙を添えましょう。

まとめ マナーの知恵を生かす

介護・福祉・医療の場にマナーの基本を

これまであらゆるジャンルの多種多様な方々にマナー指導を行なってきました。そして、介護や福祉、医療を関連づけながら、マナーというものを提言していこうという活動もしています。

私は若いときに検診で結核が見つかり、1年間会社を休職したことがあり、その後体に十数回はメスを入れるという戦いの日々を30代前半まで過ごしたことがあります。父母も叔母も入院経験があるので私はよく通いました。介護施設や病院はやはり清潔で明るく、親切で開放的であってほしいと願っています。身内の看護を通して知った現実に、マナーという潤滑油を与えることができれば、また、マナーを通して生きることや健康、自分の仕事に対しての意欲が持てれば何よりうれしく思います。

受け取る側の目線の大切さを忘れない

相手の視線を意識すること、つまり、受け取る側の目線でじょうずに伝えなければ何事も思いは伝わりません。自分がいつも利用する側の目線から、こんなふうにしてもらえたらありがたいな、こんなふうになったらうれしいな、これではつらいな、不愉快だなという、そうした心の目線を忘れないことです。そうした心の目線が私のマナーの原点であり、変わらずもち続けなければいけない基本だと思っています。

笑顔とチームワークで自信を持って取り組む

先の阪神淡路大震災によって、私も家が全壊して平穏な生活が一瞬にして崩れてしまいました。特に、高齢者の方々の震災の後の悲惨さは実に目に余るものがあり、今年の東北大震災においてはさらに過酷です。

私は人生で初めての大きな試練を経験し、しばらくは生き抜く力もありませんでした。しかし、復興という大きな目標のために立ち上がることができ、健康でさえあればやり直しはできるということを学びました。

チームワークでがんばれば、克服できる問題がたくさんあります。いたわりの心がのちの私たちの生活の何よりの宝物として存在していました。笑顔のすばらしさや人の親切のありがたさ、助け合うことの大切さも知りました。人が生きていくために必要なのは、健康と生きる目的、苦楽を分かち合う仲間だと思います。

マナーの基本は心や気持ちを伝達する力

マナーというのは心、気持ちの伝達力です。伝達力というのはどんなものでも必要ですが、特に、介護、福祉、医療の世界ではほんとうの意味での伝達力が不可欠ではないでしょうか。相手に対する気働きの伝達方法で、いちばん力があるのは「言葉」です。次は笑顔を絶やさない「表情」です。そして最後が的確な「動作」で、この３つを通してしか伝えることはできません。

マナーを通して、生きることや健康、自分の仕事に対しての意欲が持てれば何よりだと思います。介護・福祉・医療というだけでなくひとりの人間として、役にたつと思いますし、自信がついてくることでしょう。ぜひ、そういう思いで、高齢者と接していただきたいと思います。

基本マナーチェックリスト①

あなたの○△×は？実践マナーチェック

○できている

△できるときとできないときがある

× できていない

❖電話応対

	チェック欄
最初の応対ことばは「はい○○でございます」	
自分を名乗る	
ベルの回数での、出だしのあいさつを変える	
ただ今替わります（2〜3秒以内）	
少々お待ちくださいませ（10秒以内）	
お待ちいただけますでしょうか（10秒以上お待たせしない）	
不在の場合は不在をわび、連絡できる時間を告げる	
もしよろしければわたくしがご用件を承りますが	
後ほど○○分ほどしてこちらからおかけ直しいたします	
メモを取る	
相手を再確認	
早口や聞き取りにくい小声に気をつける	
相手の氏名、用件、連絡先は確実に確認	

❖来客応対（受付）

	チェック欄
最初のあいさつ（お迎えのあいさつ）をする	
相手の顔（目もと）を見て話している	
相手の名前、用件と担当者名の確認する	
担当者として、身だしなみ準備	
担当者としての来客とのあいさつ	
入室時、ノックを忘れない	
案内時のドアの開閉マナーを心がける	
部屋の席順を心得て、お座りいただく場所を示す	
しばらくお待ちいただくあいさつを必ずする	
静かにドアを閉め、退室する	
名刺をきちんと（受け）渡す	
施設・院内の案内は順序を伝える（上階→下階が基本）	
エレベーターの乗り降りのときは、行く階を伝える	
エレベーターの乗り降りのとき、基本的にはお客さまを優先する	
ほかのお客さまと出会ったときは、あいさつを忘れない	
話しかけられたら、歩く速度を緩めて並んで歩いて聞く	
案内パンフレットなど、資料があればそれを示しつつ案内する	

※このページをコピーして、時々チェックしてスキルアップに役だてましょう。

基本マナーチェックリスト②

○できている　△できるときとできないときがある　×できていない

❖介助・看護

	チェック欄
黙ったまま、突然個室のドアを開けない	
黙ったまま、突然かってにカーテンを開けない	
黙ったまま、突然私物を触らない	
部屋の温度に絶えず注意する	
食事盆を手の届く所に置く	
声かけしながら食事を口に運ぶ	
食事のメニューの説明をしつつ食事介助をする	
調理法や食材の説明をする	
ぬれナプキンやおしぼり、ティッシュペーパーの準備がある	
残飯を目だたせないようにして下げる	
交換した物をベッドや床に置いたままにしない	
頭越し（ベッド越し）に物を取り扱わない	
ご利用者（患者さま）のスピードに合わせる	
オムツ交換後、すぐにその手で飲食物を扱わない	

❖ご家族への対応

	チェック欄
初対面時は、必ずあいさつと自己紹介をする	
ゆったり面会できるよう配慮を忘れない	
時間外のお見舞い客に、気分を害さないよう断る	
見送りのときもひと言添えている	
専門用語は優しく言い換えている	
家族からの質問や要望にきちんとこたえている	

❖ご利用者応対

	チェック欄
第一印象としての出迎えはあいさつと笑顔	
安心言葉で声かけをする	
ご利用者・患者さまの目の高さで応対する	
決して背中を見せて話さない	
患者さま（入所者）を子ども扱いしない	
外出・外泊時にひと言送り迎えの声かけをする	
担当者の自己紹介はまず温かく	
ご利用者（患者さま）のふだんの習慣を知っている	
お名前を呼んでいるか	
おばあちゃん・おじいちゃんと呼んでいないか	
黙って退室しない	
ほかの同室者に声かけをする	
ご利用者（患者さま）のふだんの習慣を知っている	

❖スタッフマナー

	チェック欄
忙しそうなそぶりをしない	
廊下は走らない	
廊下・階段ではふたり以上横並びしない	
夜中の行動は静かにする（不信音は不安にさせる）	
ご利用者（患者さま）の前でスタッフ同士のうわさ話をしない	
「お話中、失礼します」のひと言を忘れない	
指示するときもされるときも、相手を見て話す	
仕事を頼まれたら、必ず指示者に報告をする	

※このページをコピーして、時々チェックしてスキルアップに役だてましょう。

①あいさつ言葉の前に「ハイオアシスヨ」

覚えておいて、絶えずチェックするようにしましょう。

- **ハ** “ハイ”
- **イ** “いらっしゃいませ”
- **オ** “おはようございます・恐れ入ります・お待たせいたしました・お大事に”
- **ア** “ありがとうございます”
- **シ** “失礼いたします・承知いたしました・少々お待ちくださいませ”
- **ス** “すみません”
- **ヨ** “よろしくお願いいたします”

気をつけたい言葉のワンポイント

「すみません」と「どうも」

お礼の言葉として、「ありがとう」の代わりに何の抵抗もなく「すみません」を使う人もいます。これは本来お詫びの言葉なので、お礼の場合には使わないようにしてください。また、近年「どうも」がよく使われていて、耳障りで気になります。ごく親しい人との間での略語のようなものですが、必ず「どうもありがとうございました」など、省略せずきちんと言うように心がけたいものです。

②キーワードは「4つのA」

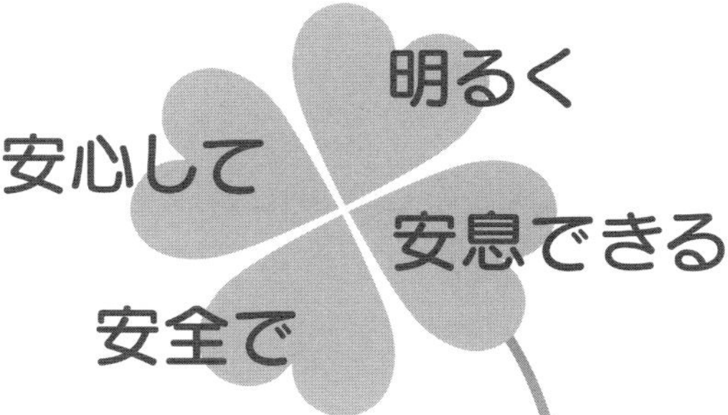

♡マナーの基本

明るく、安心して、安全で、安息できる４つのＡを、相手に与えられるかどうかが大切です。

♥俯瞰《ふかん》的に見る

全体を大きく包み込んで、俯瞰的に仕事の見直しをすることが大切です。仕事の流れなどを全体の目線で押さえておくことが大切です。

♥具体的な目標を各自が設定する

資質向上のための目的を、組織の中の一員として、具体的に期限を決めて設定します。資質をウエイトアップしていくことが大切です。

♥相手の満足度に敏感になる

お互いの立場で感動ある満足感を得るように努めることが大切です。

♥チームワークをベースに考える

社会に貢献しているという自覚、誇りを持つことで、仲間同士協調し合って仕事を遂行する姿勢が大切です。

♥人生に有意義な目的を持つ

能力、資質、目的を持って自分の人生を切り開く姿勢が大切です。

著者：篠田　弥寿子

現代作法道・宗家。日本現代作法会初代会長。
現代マナー研究家・冠婚葬祭総合プロデューサー。日本マナーサービス株式会社代表取締役社長。日本マナーアカデミー学院長。作法やマナーを「気ばたらき」の人間関係学としてとらえ、現代生活にマッチしたマナーの普及と向上に邁進。NHKテレビ出演をはじめ、新聞・婦人誌などへの執筆も数多い。弊社刊『心に手の届く マナーと声かけ』他、『心やりの老親介護』（主婦の友社）など多数。

協力：前田　万亀子

高齢者サポートネットワーク「CSねっと企画」所属。ライター・コーディネーター

スタッフ
表紙・本文イラスト／黒岩 多貴子
編集協力　本文デザイン・レイアウト／森高 はるよ・野木 奈津子（アド・コック）
企画編集／安藤憲志　校正／堀田浩之

安心介護ハンドブック⑧
介護・福祉・医療スタッフ必携

声かけ・マナー　ポイントレッスン

～接遇マナースキルアップ名句つき～

2011年10月　初版発行　　2017年 4 月　6 版発行

著者 篠田　弥寿子

発行人 岡本　功
発行所 ひかりのくに株式会社

〒543-0001 大阪市天王寺区上本町3-2-14
郵便振替00920-2-118855　TEL06-6768-1155
〒175-0082 東京都板橋区高島平6-1-1
郵便振替00150-0-30666 TEL03-3979-3112
URL http://www.hikarinokuni.co.jp
印刷所　図書印刷株式会社

ISBN 978-4-564-43118-0
C3036 NDC369.7 128P 15×11㎝
Printed in Japan